Helga Leeb
Die Geschichte mit Jonathan

EDITION RICHARZ
Bücher in großer Schrift

Helga Leeb

Die Geschichte mit Jonathan

Edition Richarz
Verlag CW Niemeyer

Die Deutsche Bibliothek – CIP-Einheitsaufnahme
Leeb, Helga:
Die Geschichte mit Jonathan : Heiteres aus einer Ehe / Helga Leeb. – Hameln : Niemeyer, 1992
(Edition Richarz, Bücher in grosser Schrift)
ISBN 3-87585-917-0

Lizenzausgabe mit freundlicher Genehmigung
der F.A. Herbig Verlagsbuchhandlung GmbH, München,
© 1989 by Langen Müller

Die Rechte dieser Großdruckausgabe liegen beim
Verlag CW Niemeyer, Hameln, 1992
Umschlag: Christiane Rauert, Dortmund
Gesamtherstellung: Ueberreuter Buchproduktion, Korneuburg
Printed in Austria
ISBN 3-87585-917-0

Inhalt

Jonathan hat Geburtstag
9

Jonathan plant eine Urlaubsreise
19

Jonathan kann das auch
33

Jonathan kennt einen Heilpraktiker
51

Jonathan kann nicht Italienisch
65

Jonathan kauft sich ein Sakko
77

Jonathan möchte ein ruhiges Hotelzimmer
91

Jonathan leidet an Grippe
101

Jonathan macht ein Kompliment
115

Jonathan verliert keinen Schlüssel
127

Jonathan fehlt ein Hund
143

Jonathan ist falsch angezogen
159

Jonathan weiß alles
177

Jonathan meistert Krisen
193

Jonathan hat Geburtstag

Jonathan hat schrecklich gern Geburtstag.
Irgendwann einmal in grauer Vorzeit muß ich seinen Geburtstag vergessen haben. Behauptet er. Ich kann mich nicht daran erinnern. Vermutlich kannten wir uns damals erst eine knappe Woche, und mir erschien es wichtiger, Jonathans ruheloses Widder-Wesen zu ergründen als seine Lebensdaten.
Jedenfalls fürchtet Jonathan seither, irgendein Familienmitglied könne nicht an seinen Geburtstag denken. Deshalb beginnt Jonathan – gründlich wie er ist – seine Umwelt frühzeitig auf diesen herausragenden Tag einzustimmen.
Etwa so: Es ist Mitte Dezember. Ein Sonntagmorgen. Jonathan, Christian, Michi und ich sitzen morgenmuffelig, aber jeder für sich zutiefst zufrieden, unter einem leise vor sich hinbröselnden Adventskranz am Kaffeetisch, kippen wahlweise Kaffee, Tee oder Kakao in uns hinein, kleckern mit weichen Eiern und mampfen genüßlich Buttersemmeln und Weihnachtsstollen. Nur Michi nicht. Er besteht, seit er eine Freundin hat, die der Naturkost anhängt, auf zähen Roggengebilden,

die sehr gesund sind, grauenhaft schmecken und schwer im Magen liegen.

In Bayern 3 singt ein Kinderchor »Leise rieselt der Schnee«, was objektiv nicht zutrifft, denn vor den Fenstern rieselt nur Regen und über uns – wie gesagt – der Adventskranz. Trotzdem: Ganz langsam bewegen sich meine Gedanken in Richtung Weihnachten. Wer holt meine Mutter am Heiligen Abend ab? Nein – diesmal schütten wir keinesfalls Salz anstatt Zucker in den Punsch, ich werde die Behälter noch extra kennzeichnen. Die Weißwürste werden nicht platzen, und gesungen wird heuer auch nicht. Das halte ich einfach nicht mehr aus. Ich werde statt dessen eine stimmungsvolle Langspielplatte kaufen, ach ja, und was schenke ich dieses Jahr Jonathan?

Da blickt Jonathan plötzlich schwermütig durch seine neuerdings modisch-sachliche Brille mit Silberfassung und sagt: »Es sind jetzt nur noch zwölf Wochen bis zu meinem Geburtstag. Er fällt diesmal auf einen Samstag.«

Die Familie schaut irritiert auf, ich schlucke meinen letzten Bissen Stollen hinunter und erwidere: »Aber Jonathan, jetzt ist doch zuerst einmal Weihnachten, und zuvor haben leider noch meine Mutter, dein älterer Sohn und Tante Mia Geburtstag.«

»Ich weiß«, bemerkte Jonathan nachdrücklich. »Ich wollte ja nur mal feststellen, daß mein Geburtstag näherrückt.«

Kurz nach Weihnachten. (Die Weißwürste waren geplatzt, wir haben doch gesungen, dem Punsch merkte man fast gar nicht an, daß meiner Mutter doch ein kleiner Löffel Salz hineingeraten war, bevor sie mit gewohnter Energie zum Zucker griff.) Im Fernsehen erklärt Bobby Ewing gerade J. R., daß er Pam zum drittenmal heiraten werde, und J. R. sagt etwas furchtbar Gemeines. Da stellt Jonathan fest: »Wenn wir Ende Februar in Skiurlaub gehen, sind wir bis zu meinem Geburtstag zurück.«
»Klar sind wir dann zurück«, antworte ich beschwichtigend, denn Sue Ellen betritt gerade mit bösem Lächeln die Terrasse der Southfolk-Ranch.
»Ich meine ja nur, weil wir einmal an meinem Geburtstag noch in St. Moritz waren«, wirft Jonathan ein.
»Ich erinnere mich. Wir gingen aus und haben versucht, mit unseren schweren Zottelschuhen Rock'n'Roll zu tanzen. Es war sehr lustig.«
»Findest du? Also, ich weiß nicht. Ich feiere meinen Geburtstag lieber zu Hause«, sagte Jonathan mit einem Anflug von Schwermut in der Stimme. Schade, daß ich nie erfahren habe, warum Sue Ellen türknallend das Schlafzimmer verlassen hat.
Ab Februar weist Jonathan praktisch jeden dritten Tag in irgendeinem Zusammenhang darauf hin, daß sich sein Geburtstag nähert. Eine ge-

wisse Nervosität breitet sich aus. Die gänzlich unwahrscheinliche Möglichkeit, Jonathans Geburtstag zu vergessen, beginnt durch die ständige Erwähnung Gestalt anzunehmen und sich schattenhaft über das tägliche Leben zu breiten.

Ab Ende Februar ermahne ich die Söhne in regelmäßigen Abständen: »Ihr wißt doch, daß euer Vater bald Geburtstag hat!«

»Klar wissen wir das«, beruhigt mich Michi.

»Was schenken wir ihm denn?« fragt Christian fröhlich.

»Na, was wohl? Das gleiche wie jedes Jahr«, erwiderte Michi trocken. »Ich eine Krawatte, du einen Krimi, die Mama ein Hemd und einen Pullover und die Oma einen Geldbeutel oder einen Birnenschnaps.«

Ich lasse die Frauenzeitschrift sinken, für die ich seit vielen Jahren arbeite, und sage: »Hört mal, ich glaube, wir machen uns das zu einfach. Immer bekommt Jonathan zu Weihnachten von mir ein schickes Hemd mit Pullover, von Michi eine Krawatte, von Christian einen Krimi und von Oma einen Geldbeutel oder einen Birnenschnaps. Und was bekommt er zum Geburtstag? Von mir ein schickes Hemd mit Pullover, von Michi eine Krawatte, von Christian einen Krimi und von Oma einen Geldbeutel oder einen Birnenschnaps.«

»Das kommt davon, weil er seine Bücher alle umsonst kriegt«, bemerkt Michi seufzend.

»So ist das eben, wenn man beruflich mit Verlagen zu tun hat«, erkläre ich. »Trotzdem. Hier schreibt eine Leserin, es sei unglaublich phantasielos, Männer immer mit den gleichen Dingen zu beschenken. Man müsse sich nur anstrengen, dann fiele einem schon etwas Originelles ein.«
»Wieso?« fragt Christian erschrocken. »Jonathan freut sich doch immer sehr über unsere Geschenke.«
»Und überhaupt, was soll man einem Vater denn sonst schenken?« erkundigt sich Michi ratlos.
»Ich weiß es auch nicht so recht«, gebe ich zu. »Aber ich erinnere mich, daß wir in einer der Nummern vor Weihnachten einen Sonderteil gedruckt haben mit dem Titel: Hundert originelle Geschenke für ihn. Ich bin in der Vorweihnachtszeit nicht dazu gekommen, mich damit zu befassen. Aber das Heft liegt sicher noch irgendwo herum. Wir könnten's uns ja mal zusammen ansehen.«
»Wenn du meinst«, erwidert Christian gedehnt. »Aber eigentlich sollte ich Vokabeln lernen. Wir schreiben morgen eine Lateinarbeit.«
»Und ich muß Puppi anrufen«, teilt Michi mit.
»Ich erwarte jetzt, daß ihr hierbleibt und mit mir gemeinsam darüber nachdenkt, womit wir Jonathan zum Geburtstag eine Freude machen können«, sage ich nachdrücklich, quetsche mich hinter den Schaukelstuhl und angle die Zeitschrift

mit den Geschenktips aus dem Stapel in der Ecke beim Bücherregal.

»Hier«, lese ich vor, »origineller Pullover in lila-gelbem Kringelmuster mit Spatenkragen, Arbeitsaufwand für geübte Hobby-Strickerinnen 81 Stunden.«

»Also geübt bist du ja nicht. Wenn du jeden Abend drei Stunden lila-gelbe Kringel strickst, brauchst du ungefähr dreißig bis vierzig Tage«, stellt Christian fest. »Natürlich nur, wenn du nie ins Kino gehst, den Italienisch-Kurs ausfallen läßt und dich wahnsinnig konzentrierst. Weil Kringel stricken – hier steht's – erfordert äußerste Konzentration.«

»Du bist blöd«, mischt sich Michi ein. »Da kann sie doch gleich wieder einen Pullover kaufen. Aber schau, da ist was Tolles: Sportuhr in aktuellen Schockfarben, über dem Skianzug am Oberarm zu tragen. Für 385 Mark.«

»Kannst du dir den Papa in seinem uralten Anorak mit einer schockfarbenen Sportuhr am Oberarm vorstellen?« ruft Christian, und beide beginnen haltlos zu kichern.

»Ihr habt nicht den nötigen Ernst«, stelle ich fest. »Wie wär's zum Beispiel mit einem Mini-Malkasten für ›Leute, die gern im Urlaub aquarellieren‹ oder hier – mit einem ›Tisch-Roboter, der die Brösel absaugt, ohne runterzufallen‹?«

»Also aquarellieren tut der Papa im Urlaub

nicht«, kommentiert Michi. »Bröseln beim Frühstück tut er schon. Sehr sogar. Aber daß er die Brösel mit einem Tischroboter wegmacht, glaub ich nicht.«

»Schau mal da«, Christian gerät in Begeisterung. »Ein stabiler Hornkamm aus Irland. Für 21 Mark. Den könnte ich mir leisten. Das ist ein Geschenk, das hat was Internationales.«

»Aber dem Papa seine Haare sind doch gar nicht mehr so üppig«, mischt sich Michi ein. »Deswegen brauchst du nicht gleich so streng schauen, Mama, ich meine, man sieht fast überhaupt nicht, daß sie in der Mitte ein bißchen dünn werden, da, wo du ihn beim Fernsehen immer kraulst.« Michi ist mehr für den handlichen Halogen-Brandlöscher auf Seite 108 oder für den elektrischen Schuhputzautomaten.

»Der ist zu teuer«, sagt Christian. »Und außerdem ist es dem Papa immer sehr peinlich, wenn er die Schuhe geputzt bekommt.«

»Nur im Ausland, wenn er sich dazu auf einen öffentlichen Stuhl setzen muß. In der Türkei zum Beispiel«, werfe ich ein. »Daheim ist es ihm überhaupt nicht peinlich.«

»Von meinem Taschengeld kann ich mir so ein Geschenk sowieso nicht leisten«, bemerkt Michi und wendet sich einem »Duschgel in Entenform für das Kind im Manne« zu 36 Mark zu, während Christian den »Attachécase aus bordeauxrotem

Boxcalf-Leder« zu 674 Mark überblättert und über einen »Kasten voller Bleistifte in allen Härtegraden« zu 22 Mark nachdenkt. Es wird ein langer Nachmittag.
Zuletzt hat Jonathan wirklich Geburtstag. Wir erwarten ihn am Frühstückstisch und singen wie immer laut und mißtönend »Happy birthday to you«. Jonathan schreitet beschwingt an seinen Platz am Eßtisch, blickt gerührt auf die Päckchen und Pakete zwischen Kaffeekanne und Geburtstagskerze und scheint leicht irritiert von deren ungewöhnlicher Form.
Zuerst öffnet er Christians Geschenk. »Was ist denn das?« fragt Jonathan verwirrt.
»Das ist ein Miniaturauto aus Plexiglas mit Bleistift, Anspitzer, Schere und Lineal. Das stellt man im Büro auf den Schreibtisch. Irre schick und praktisch.«
»Aha.« Jonathan rückt die Brille zurecht. »Also toll, wirklich wunderbar. Hoffentlich hat es auf meinem Schreibtisch noch Platz.«
Er wickelt das nächste Geschenk aus.
»Das ist«, erklärt Michi, »eine Supertaschenlampe aus Flugzeugaluminium mit verstellbarem Halogen-Lichtstrahl. Damit kannst du Spotlicht oder Flutlicht machen.«
»Unglaublich. Und wo?«
»Praktisch überall. Im Auto, an der Haustür, auf Bergtouren oder nachts im Bett.«

»Ich verstehe«, sagt Jonathan. »Um Gottes willen, was ist denn das?« erkundigt er sich dann und wickelt das Präsent seiner Schwiegermutter aus, das knollenartig von mehreren unterschiedlichen, bereits gebrauchten, aber sorgsam glattgestrichenen Geschenkpapierhüllen umgeben ist.

»Das ist«, sage ich, »ein Luffaschwamm in der Form eines Boxhandschuhs an einem praktischen Stiel, damit man sich in der Badewanne den Rücken leichter bürsten kann. Kommt aus der originellsten Bade-Boutique Deutschlands. Italienischer Entwurf.«

»Aber bisher hast doch immer du mir den Rücken gebürstet. Das war sehr angenehm«, murmelt Jonathan hilflos.

Endlich wendet er sich meinem Geschenk zu. Aus goldglänzender Hülle taucht ein brauner Knubbel auf, der wie eine Salatkartoffel aussieht.

»Das ist ein Autoschalthebel aus Wurzelholz, ein sogenannter Handschmeichler, von Hand geschnitzt und poliert«, rufe ich stolz. »Ohne Handschmeichler fährt heute praktisch niemand mehr Auto, der etwas auf sich hält.«

»Das war alles sicher sehr teuer«, bemerkt Jonathan gerührt.

»Ziemlich, aber dafür sind es lauter Geschenke im neuesten Styling, und die Hauptsache ist, daß du dich freust.«

»Und wie«, sagt Jonathan und räuspert sich. »Ich danke euch. Ich danke euch sehr.«
Abends sitzen wir wie jedes Jahr beim Italiener. Die Luft ist schwer und warm vom Duft nach Wein, Gewürzen und Knoblauch. Jonathan hebt sein Glas und hält eine kleine Rede. »Es war ein wunderschöner Geburtstag mit wunderschönen Geschenken«, sagt er. »Aber für nächstes Jahr habe ich eine Bitte. Nächstes Jahr hätte ich von Christian gern einen Krimi und von Michi eine Krawatte und von der Oma einen Geldbeutel oder den Birnenschnaps, von dem allen immer so schlecht wird. Und von dir« – Jonathan sieht mich schuldbewußt an – »von dir hätte ich am liebsten ein Hemd und einen Pullover. Du sagst doch selber immer, daß man davon nie genug haben kann.«
»Also weißt du...«, beginne ich eine längere Erklärung.
»Natürlich nur dann«, unterbricht mich Jonathan, »wenn ihr meinen Geburtstag nächstes Jahr nicht vergeßt, wie es ja durchaus schon passiert ist.«

Jonathan plant eine Urlaubsreise

Jonathan liebt es, Urlaubsreisen zu planen. Deshalb stapeln sich das ganze Jahr über auf dem zierlichen, dreistöckigen Beistelltischchen neben seinem Schreibtisch Prospekte, Landkarten, Reiseführer und sorgfältig ausgeschnittene Zeitungsartikel.
Manchmal klappen die einzelnen Etagen des Tischchens – ursprünglich nur zum Abstellen von ein paar Sherry-Gläsern gedacht – unter der Last zusammen, und alles liegt am Boden. Irgend jemand bringt dann die winzigen Ablageflächen mittels sinnvoll angebrachter, aber nicht sehr stabiler Scharniere erneut in waagrechte Stellung und wirft den Papierkram wieder drauf.
Jonathan blickt abends zerstreut auf sein Tischchen und murmelt: »Komisch, ich dachte, ich hätte Marrakesch ganz oben liegen, wieso liegt da jetzt Zermatt? Hat hier womöglich jemand aufgeräumt?« Was jedes Familienmitglied sofort und wahrheitsgemäß verneint.
Wir sind gerade von einem ausgiebigen Inselurlaub in Süditalien zurückgekommen – braun, wohlig erschöpft, bis obenhin angefüllt mit Zika-

dengesang, Pinienduft, goldgelbem Wein und dem Geruch nach Holzkohlenfeuer und gegrilltem Fisch. Wir haben noch das Tuckern des kleinen Motorboots im Ohr, das uns jeden Morgen in eine andere Badebucht brachte, wir sehen noch das türkisfarbene Gefunkel des Meeres, wenn wir die Augen schließen, und spüren den sonnenwarmen Kieselstrand unter den Füßen.

Wir versuchen gerade wieder im Alltag Tritt zu fassen. Die Badetücher baumeln an der Leine, die ersten Telephonate sind geführt, die Erzählungen über den Urlaub beginnen ihre endgültige Form anzunehmen und zu handlichen Kurzfassungen zu schrumpfen, da sagt Jonathan zwischen einem Foul an Rummenigge und einem sensationellen Fallrückzieher von Pflügler (oder war es Eike Immel, ach nein, der steht ja zwischen den Pfosten und zwar bisher ungeprüft, wie der Fernsehkommentator erklärt): »Ich hab mir heute mal Prospekte von Zypern, Marokko und der Cote d'Azur bestellt. Du weißt ja, ich habe noch acht Tage Resturlaub. Wenn wir die Ende Oktober nehmen, muß man schon sehr aufs Klima achten. Eigentlich kommt nur noch Zypern oder Afrika in Frage. Es sei denn, wir fahren nach Südtirol. Aber da sind wir ja oft übers Wochenende. Vielleicht würde es uns da zu ruhig sein. Was denkst du?«

Ich denke: Um Himmels willen, bloß nicht schon wieder verreisen. Ende Oktober – bis dahin sind

es ja nur noch knappe fünf Wochen. Ich muß noch ein schwieriges Interview machen und eine Glosse schreiben. Und es gibt zwei interessante Kunstausstellungen in München und mindestens drei Filme, die wir sehen wollten. Und Max und Bettina haben uns an den Chiemsee eingeladen. Und Bayern ist im Herbst so schön, und ich mag einfach keinen Fischerhafen mehr sehen, sondern eine gemütliche Bergtour machen.
All das denke ich, sage es aber nicht. Statt dessen äußere ich etwas vage Zustimmendes in der Art: »Wir haben ja noch eine Menge Zeit. Du planst unsere Urlaubsreisen immer so wunderbar. Ich bin sicher, daß du das Richtige findest.
Jonathan nickt befriedigt und beugt sich über Landkarten, in die er mit Rotstift Kreuze und Kringel malt.
Ungefähr drei Tage später – im Sportstudio wird gerade das Foul an Rummenigge kommentiert und der Fallrückzieher von Pflügler, oder war es doch Thon? – sagt Jonathan zu mir: »Bis Ende Oktober sind es ja nur noch viereinhalb Wochen. Und du mußt noch ein Interview und eine Glosse schreiben. Und wir wollten doch die beiden Kunstausstellungen sehen und mindestens drei Filme. Und Max und Bettina haben uns an den Chiemsee eingeladen und überhaupt, im Herbst ist Bayern so schön. Ich habe viel mehr Lust auf eine gemütliche Bergtour als auf einen Fischerha-

fen. Vielleicht sollten wir meinen Resturlaub aufs Frühjahr verschieben?«

Ich sage: »Das ist eine großartige Idee«, und Jonathan plant weiter, sammelt Tips, Hoteladressen und Prospekte, sein Tischchen neigt sich bedenklich, und bald wird es wieder zusammenklappen.

Es passiert wirklich selten, daß Jonathan Planungsfehler unterlaufen. Aber manchmal geschieht es doch. Ich erinnere mich an unsere erste gemeinsame Auslandsreise. Es sollte nach Jugoslawien gehen, damals noch ein ungewisses, östliches Land, arm an Touristen, aber reich an wildromantischen Küsten und Inseln voller zerbrökkelndem k.-und k.-Charme. Wir hatten wenig Geld und großes Fernweh und wollten mit unserem klapprigen DKW-Coupé, einem Vorkriegsmodell aus achter Hand, tief in den Süden bis in die sagenhafte Stadt Ragusa.

Kurz vor unserer Abfahrt brachte Jonathan eine phantastische Nachricht nach Hause. In Jugoslawien, hatte er aus zuverlässiger Quelle gehört, herrsche ein verzweifelter Mangel an Feuersteinen.

»An was?« fragte ich.

»Feuersteinen«, wiederholte Jonathan. »Feu-er-stei-nen. Das sind diese kleinen Dinger, die in ein Feuerzeug gehören, damit es funktioniert.« –

»Aha.«

Ich rauchte nicht, Jonathan benutzte Streichhölzer, wenn er sich, was nur selten vorkam, eine Pfeife ansteckte, auch sonst kannte ich niemanden, der auf Feuersteine angewiesen war. Doch ja – Tante Ella hatte zu ihren Lebzeiten ein kleines silbernes Feuerzeug benutzt, um sich ihre Zigarillos anzuzünden, deren Rauch sie tief in die von Korsettstangen gestützte, mächtig vorspringende Brust sog.

»Seltsam, daß es in Jugoslawien keine Feuersteine gibt«, bemerkte ich. »Ich hätte eher gedacht, daß dort Bohnenkaffee und Nylonstrümpfe fehlen.«

»Die fehlen sicher auch«, vermutete Jonathan. »Aber Feuersteine sind für uns viel praktischer. Nehmen wir mal an, wir besorgen uns tausend Stück, die nehmen kaum Platz im Gepäck weg, niemand am Zoll interessiert sich dafür, und in Jugoslawien verkaufen wir sie in kleinen Portionen. Das ist so, als hätten wir ein dickes Scheckbuch dabei.«

Ich fand, das sei eine unmoralische, kapitalistische Handlungsweise.

Jonathan fand, man müsse das nicht philosophisch, sondern sachlich sehen. »Die Jugoslawen brauchen Feuersteine und haben keine. Wir haben welche und verkaufen sie ihnen. Das ist doch vernünftig.«

»Sehr vernünftig«, stimmte ich zu.

Zwei Wochen später saßen wir müde und glücklich unter einer Platane in der Altstadt von Split, die damals noch nicht von häßlichen Hochhaussiedlungen eingeschnürt war, und bestellten das einzige Getränk, das man bestellen konnte: einen süßlichen, faden Himbeersaft. Er hieß »Malina«, wie das berühmte Buch von Ingeborg Bachmann. Ich mochte beide nicht.
Jonathan öffnete die Brieftasche, stellte fest, daß unser Vorrat an Dinarscheinen zur Neige ging und sagte entschlossen: »Jetzt greifen wir zu den Feuersteinen.«
Er winkte den Ober heran und fragte halblaut: »Feuersteine?«
»Bittasähr?« fragte der Ober zurück.
»Feu-er-stei-ne«, wiederholte Jonathan langsam und bedeutungsschwer.
»Ah, Feuersteine!« rief der Ober begeistert. »Ja, ja, Feuersteine, gute Feuersteine, prima Qualität.«
»Wie viele?« fragte Jonathan.
»Hundert, zweihundert?« schlug der Ober vor.
»Also zweihundert«, erwiderte Jonathan und warf mir einen triumphierenden Blick zu. Dann erkundigte er sich: »Wieviel Dinar für zweihundert Feuersteine?«
Der Ober wiegte nachdenklich sein graues Haupt: »Besser Deutschmark.«
»Nein, nein«, winkte Jonathan ab. »Besser Dinar.«

»Gutt, Dinar. Warten Momänt«, sagte der Ober und verschwand.
»Na, das läuft doch prima«, stellte Jonathan fest und schlug locker ein Bein über das andere.
Der Ober kam zurück, schaute sich sorgfältig nach beiden Seiten um, neigte sich tief zu Jonathan herab, zog eine Brieftasche aus dem Jackett und entnahm ihr einen flachen grauen Plastikbeutel.
»Wieviel Dinar Sie mir geben für zweihundert Feuersteine«, fragte Jonathan verschwörerisch.
»Sie wollen Dinar für Feuersteine?« fragte der Ober erschrocken zurück.
»Ja klar. Wir machen hier Urlaub, verstehen Sie? Wir brauchen viele Dinar. Sie brauchen Feuersteine.«
»Klar, verstehe«, sagte der Ober. »Aber ich brauche nix Feuersteine. Ich habe viele Feuersteine. Hier im Beutel. Viel gute Feuersteine, prima Qualität. Ich glauben, Sie kaufen meine Feuersteine!«
»Warum soll ich denn Feuersteine kaufen?« rief Jonathan.
»Warum soll ich kaufen?« rief der Ober. »Gibt genug viel Feuersteine in Jugoslawien. Haben Herr vielleicht Nylonstrimpf oder Bohnenkaffee?«
Jonathan schaute mich hilfesuchend an. Ich schüttelte traurig den Kopf.
Solche Mißgeschicke passieren Jonathan schon lange nicht mehr. Schließlich hat er als Reporter

inzwischen mehrfach den Erdball umrundet, hat bei Schneesturm in einer Felsspalte an der Nordwand des Matterhorns genächtigt, ist hinter Albert Schweitzer durch den Urwald gestapft und mit Soraya skigefahren, obgleich er damals überhaupt noch nicht Skifahren konnte.

Außerdem zieht er – wie bereits erwähnt – alle Arten von Prospekten, Zeitungsartikeln und Reiseführer zurate.

Leider sind sie nicht immer neuesten Datums. Jonathan vertritt die vernünftige Ansicht, die Beschreibung von Ruinen, historischen Stadtvierteln oder exotischen Landschaften sei jahrgangsunabhängig.

Unsere erste Reise durch Südfrankreich in den sechziger Jahren legten wir zum Beispiel mit Hilfe des berühmten Michelin zurück, und zwar mit einer Ausgabe von 1952. Jonathan hatte sie preiswert antiquarisch erstanden, als er in den Fünfzigern ein Semester lang in Aix-en-Provence studierte. Wir haben auf diese Weise in Zwei-Sterne-Restaurants, deren Sterne längst versunken waren, grauenhaft stinkende Fischsuppen und angeschimmelte Kutteln verzehrt. Wir haben, von Lastwagen umtost, in Hotels genächtigt, die mit drei Schaukelstühlen für besonders idyllische Lage und absolute Ruhe ausgezeichnet waren, und wir haben eine halbe Nacht lang nach einer Pension namens »Chez Jacques« gefahndet, in der um die Jahrhundertwende praktisch jeder bessere Maler und Dichter ein paar Tage gelebt und gewirkt hat.

»Picasso, Katherine Mansfield, Sartre – Chez Jacques?« fragten wir unermüdlich verständnislos blickende Passanten. Bis uns ein alter Mann in eine kleine Seitenstraße wies, wo uns in einem verwahrlosten Haus ein schmieriger Portier fragte, ob wir wirklich ein Zimmer für die ganze Nacht haben wollten, eigentlich sei er daran gewöhnt, nur stundenweise zu vermieten.

Damals gab Jonathan zu, daß in manchen Situationen aktuelle Reiseführer vorteilhaft sein können.

Als wir nach Kreta fuhren, hatte er es längst wieder vergessen. Zu Recht. Denn der Reiseführer, den Jonathan von Freunden geliehen hatte, geleitete uns zuverlässig durch die herbstgoldene Insel mit ihren Windrädern und Weingärten, ihren gelben Sandhöhlen und jahrtausendealten Palastmauern.

Wir fuhren mit dem Leihwagen nach Knossos, und Jonathan las mir im Schatten der schlanken, terrakottaroten Palastsäulen aus dem Führer vor, wie scheußlich sie seien, da unwissenschaftlich restauriert. Ich fand sie trotzdem schön. (Jonathan liest anderen Menschen leidenschaftlich gern vor. Er hat eine dafür sehr geeignete, sonore Stimme. In diesem Fall hörte außer mir nur noch ein japanisches Pärchen zu, das seine Reisegesellschaft verloren hatte und kein Wort Deutsch sprach. Sie schienen trotzdem fasziniert.)

Am späten Nachmittag erreichten wir die Ruinen des Palastes von Phaistos. Sie waren nur kniehoch, da nicht restauriert und deshalb künstlerisch wertvoll. Leider konnte ich mir – wie immer bei kniehohen Ruinen – nicht richtig vorstellen, wie die Tempel und Häuser damals, vor dreitausend Jahren ausgesehen hatten, als die großäugigen, leichtbekleideten Minoerinnen, die wir aus dem Museum von Heraklion kannten, noch darin herumliefen.

Ich wollte Jonathan gerade fragen, wie weit es zur nächsten Taverne sei, da begann er erneut vorzulesen: Unweit von Phaistos, las er, liege auf einem Hügel die Königsvilla Hagia Triada. Wenngleich nur drei Kilometer Luftlinie die Villa vom Palast trenne, sei von einem Fußmarsch dorthin abzuraten, weil er stundenlang durch unwegsames Gelände führe. Wer allerdings über ein Auto verfüge, solle sich dieses Kleinod auf keinen Fall entgehen lassen. »Wie gut, daß wir ein Auto haben«, rief Jonathan fröhlich.

»Es wäre das erste Kleinod, das wir uns entgehen lassen«, seufzte ich und folgte ihm zum Wagen. Jonathan drückte mir unseren Kretaführer mit der aufgeschlagenen Seite der Wegbeschreibung zur Königsvilla in die Hand, und los ging's, immer

der Sonne entgegen über ein steiniges Sträßchen, von dem geschrieben stand, daß es zumeist nur von Eselskarren benutzt werde.
»Jetzt liegen die letzten Häuser des Dorfes hinter uns«, teilte ich Jonathan mit. »Bei dem knorrigen Olivenbaum gilt es scharf nach links zum Flußbett abzubiegen, bis man eine schmale, wenig befahrene Brücke erreicht.«
Tatsächlich, da lag die Brücke, tief unter uns. Das eine Geländer war eingeknickt, in der Mitte fehlte eine der Holzbohlen. Unser Leihwagen schrammte mit der Hinterachse – oder war es die Ölwanne? – hart über einen Felsbrocken. Jonathan trat auf die Bremse, nahm zwei Wegbiegungen im ersten Gang und ruckelte auf die Brücke.
»Schau nicht runter, sonst wird's dir schlecht«, sagte er, und etwas später: »Ich glaub, außer uns hat schon lang niemand mehr die Königsvilla besichtigt.«
»Hier steht ja auch: ›Nur wenige Kulturbeflissene nehmen die Strapazen dieser Fahrt auf sich. Aber der Anblick der Villa wird Sie entschädigen.‹«
Inzwischen kämpften wir uns durch wildwucherndes Brombeergesträuch bergan. Die Zweige verhedderten sich am Seitenspiegel und schleiften an den Fenstern entlang.
»›Unser Auto bahnt sich den Weg durch die üppige Vegetation der Insel‹«, las ich mühsam.

»Verdammt, jetzt ist er abgestorben«, brummte Jonathan. Er drehte den Zündschlüssel, gab Gas, und schließlich sprang der Motor wieder an, das Gestrüpp lichtete sich, vor uns lag die kahle Hügelkuppe, zu der sich in Zickzackkurven ein von Unkraut überwuchertes Schotterband hinaufzog. Jonathan lief der Schweiß übers Gesicht, der Motor gab grauenhaft stöhnende Geräusche von sich.
»Gleich haben wir's geschafft«, sagte ich und tastete unterm Sitz nach dem Reiseführer, den mir ein heftiger Ruck aus der Hand geschleudert hatte. »Hier steht: ›Auf halber Strecke hügelan kann man bereits die Umrisse der Villa erkennen.‹ Tatsächlich, ich sehe etwas«, rief ich und ahnte, daß es sich bei dem Kleinod der Königsvilla wiederum nur um knie- bis hüfthohe Steintrümmer handeln würde, bestenfalls überragt von ein bis zwei abgeknickten Säulen.
Jonathan sagte nichts, sondern kletterte aus dem Auto, um einen Felsbrocken aus dem Weg zu räumen. Holpernd und krächzend nahm unser Leihwagen die letzten Meter zur Hügelkuppe. Da lag sie vor uns im Abendlicht, die Königsvilla, lauter ordentlich aneinandergereihte viereckige Mauerreste in Kniehöhe. Und daneben, etwas abseits, aber gut einsehbar, lag ein riesiger, asphaltierter Parkplatz. Darauf waren reihenweise Omnibusse und Personenwagen abgestellt.

Jonathan steuerte langsam auf den Schlagbaum zu. »Wo kommen denn all diese Autos her?« fragte er den Parkwächter.
»Phaistos, Phaistos«, erwiderte der diensteifrig. »Wer Phaistos geht, geht auch Hagia Triada. Gute Autostraße, nur vier Kilometer. Zwei Mark bittesähr.«
»Gibt es die Autostraße schon lange?« fragte Jonathan tonlos.
»Gibt es schon seit sechs Jahr, sieben Jahr. Früher nix Autostraße langes, schweres Weg. Kein Tourist kommen. Nur Verrickte. Heute viel Tourist, nix Probläm.«
Jonathan sank kopfschüttelnd hinterm Steuerrad zusammen.
»Hast du Probläm?« erkundigte sich der nette, schnauzbärtige Parkwächter. »Ich viele Jahr gearbeitet in Deutschland, Gummersbach. Handball. Woher du?«
»München. Fußball«, sagte Jonathan.
»Du nix Probläm?« fragte der griechische Parkwächter aus Gummersbach.
»Ich nix Probläm«, erwiderte Jonathan und fuhr auf den Parkplatz.

»Also im Frühjahr wäre Marokko ein gutes Urlaubsziel«, sagt Jonathan, während Lothar Matthäus sich den Ball für einen Eckstoß zurechtlegt und der Fernsehkommentator vor Erwartung ver-

stummt. »Ich war da als ganz junger Reporter nach dem Erdbeben in Agadir. Erinnerst du dich?«
Ich nicke. »Du hast tagelang von zerquetschten Leichen berichtet. Es war sehr eindrucksvoll.«
»Tja, damals war man noch jung und begeisterungsfähig«, erklärt Jonathan. »Heute ist Agadir ja ein komfortabler Badeort. Aber mit dem Leihwagen ist es nicht weit in die Blauen Berge und nach Marrakesch. Ich muß da noch irgendwo einen Reiseführer haben. Der ist hochinteressant. Nach der Sportschau les ich dir die wichtigsten Sachen einfach mal vor.«

Jonathan kann das auch

Jonathan sagt häufig aus tiefster Überzeugung: »Das kann ich auch.«
Vor allem vor dem Fernsehschirm. Da keucht ein Eisschnelläufer mit letzter Kraft als Achtundzwanzigster ins Ziel, da schlenzt ein Fußballstar im Straucheln den Ball hart am Tor vorbei, da zischt Alberto Tomba wie ein geölter Blitz durch 54 vereiste Slalom-Tore und fällt beim 55. aus der Bahn. Mir klopft das Herz bis zum Hals, ich stöhne vor Spannung, Jonathan sitzt neben mir und sagt trocken: »Das kann ich auch.«
Oder: Jonathan gerät irrtümlich ins 3. Programm zu einer Sendung mit klassischem Ballett. Er schaut eine Weile stirnrunzelnd zu, wie ein wundervoll gewachsenes männliches Wesen, das nur aus Muskeln und Trikot zu bestehen scheint, ein feenhaftes Gebilde von Mädchen in seine Arme reißt und mit einer Hand hoch über sich in die Luft stemmt. Dann balanciert er auch noch zierlich auf einem Bein, winkelt das andere an und dreht sich auf Zehenspitzen um sich selbst.
Ich sitze hingerissen auf meiner Sesselkante, kann den Blick nicht abwenden und seufze ab

und zu selig auf. Jonathan schaut mich von der Seite an, blickt zurück auf den Bildschirm und stellt ungerührt fest: »Das kann ich auch.«

»Aber Jonathan«, erwidere ich liebevoll. »Es ist ausgeschlossen, daß du das auch kannst. Dieser Tänzer trainiert mindestens seit seinem zehnten Lebensjahr mehrere Stunden täglich. Er kann sich in rasendem Tempo auf den Zehenspitzen drehen und seine Partnerin mit einem Arm über sich in die Luft halten. Ich glaube einfach nicht, daß du das auch kannst, schon allein, weil ich doppelt soviel wiege wie dieses gertenschlanke Geschöpf, du nicht schwindelfrei bist und es seit einiger Zeit im Kreuz hast.«

»Also, daß ich dich nicht in die Luft kriege, kann sein«, gibt Jonathan zu. »Vor allem, seit wir in Griechenland immer soviel fette Mousaka gegessen haben. Aber die paar Hopser übers Parkett, die kann ich auch.«

Jonathan kennt keine Selbstzweifel. Er ist Widder mit Aszendent Widder. Widder mit Aszendent Widder glauben an sich.

Manchmal, wenn Jonathan sagt: »Das kann ich auch«, hat er recht. Zum Beispiel, wenn ich feststelle: »Jetzt klemmt dieses Gartentor seit zehn Jahren genau so, daß es angenehm ist, weil es nicht ins Schloß springt und trotzdem so aussieht, als sei es geschlossen. Und jetzt klemmt es plötzlich so, daß es überhaupt nicht mehr zugeht.

Ich glaube, ich muß den Schreiner Wummerl holen, daß er das in Ordnung bringt.«

»Das kann ich auch!« sagt Jonathan nachdrücklich, geht in die Garage, wühlt in unserem chaotischen Werkzeugschrank herum, bringt irgendwelche Bolzen, Hämmer und Stangen zum Vorschein, hantiert damit am Gartentor, lupft, stemmt, schiebt, klopft, macht schrecklich viel Lärm, begleitet von tiefem Seufzen und Stöhnen, und schafft es im Verlauf einer halben Stunde, daß das Gartentor wieder genauso klemmt, wie wir es gewöhnt sind und praktisch finden.

Die Familie ist außer sich vor Überraschung, lobt Jonathan und sagt: »Toll, was du alles kannst. Das hätte wirklich niemand gedacht.«

Und Jonathan ist sehr stolz, zeigt es aber nicht, sondern stellt fest, daß das Ganze sehr anstrengend war und daß irgend jemand all diese herumliegenden Werkzeuge aufräumen müsse.

Durch solche Vorkommnisse eingelullt, glaube ich dann für eine Weile, daß Jonathan wirklich alles kann. Etwa eine kniehohe Margeritenwiese mit der Sense mähen, obwohl er noch nie eine Sense in der Hand gehabt hat. Oder probeweise eine Gaspistole abfeuern, die uns ein besorgter Freund, von Beruf Rechtsanwalt, aufgedrängt hat. Wobei ich gern zugebe, daß Gaspistolen abzufeuern außerordentlich schwierig ist, weil es entsetzlich lange dauert, bis man die Beschreibung gelesen hat. Da steht genau drin, wie weit man die Pistole von sich weg halten muß, damit man keinen Hustenkrampf bekommt, sondern der Einbrecher ohnmächtig wird und einem vor die Füße fällt.

Glücklicherweise war bei Jonathans Probeschuß kein Einbrecher da – man muß dann nämlich einen starken Strick zur Hand haben und ihn auf äußerst komplizierte Weise fesseln –, und ich kam verhältnismäßig schnell wieder zu mir. Und als Jonathan am nächsten Morgen in der Redaktion gefragt wurde, warum er so rote Augen habe und immer wieder unvermittelt in Tränen ausbreche, berief er sich auf eine frühsommerliche Pollenallergie.

Kürzlich wunderte sich Jonathan über die vielen grauen Kartons im Flur. Ich sagte: »Das ist mein neuer Schreibtischsessel mit federnder Rückenlehne, höhenverstellbarem Sitz und einem vollautomatischen ›Stop-und-Go-Rollsystem‹. Es war ein Sonderangebot von ›Komm und Nimm‹, du weißt schon – das ist dieses praktische Möbelhaus, bei dem man seine Wohnungseinrichtung in lauter handlichen Einzelteilen kaufen kann. Christian baut mir den Sessel heute abend zusammen.«

»Das kann ich auch«, teilte mir Jonathan mit und begann sogleich die Kartons aufzureißen, die vielen hübsch verpackten Schrauben und Schraubenzieher, Plastikrollen, Gurte, Bügel und Eisentrümmer um sich auszubreiten und sich in die klar und knapp formulierte Bauanleitung zu vertiefen. Nach einer Stunde beschwörenden Murmelns und unterdrückten Fluchens hatte Jonathan alles zusammengefügt, was irgend zusammenzufügen war, und was sich nicht fügen wollte, zwang er mit Gewalt zueinander. Zuletzt galt es nur noch die Sitzfläche anzubringen und zwar mittels der allerletzten Schraube an dem einzig noch möglichen Gewinde. Jonathan legte aufatmend den Schraubenzieher weg und stellte den Sessel triumphierend auf seine vier Rollen.

Es ist ein wirklich tadelloser Schreibtischsessel, wenn man davon absieht, daß die Sitzfläche senkrecht steht und die Lehne, wenngleich zuverlässig federnd, nach vorne weist. Jonathan findet, einem Möbelhaus wie ›Komm und Nimm‹ dürften Konstruktionsfehler dieser Art nicht unterlaufen. Ich solle unter allen Umständen reklamieren.

In den wenigen Fällen, in denen Jonathan nicht sagt: »Das kann ich auch«, beschäftige ich Handwerker der verschiedensten Disziplinen.

In Deutschland hat das Handwerk ja Tradition und einen hohen Ausbildungsgrad, während man in Amerika oder England nicht einmal eine ordentliche dreijährige Lehre mit Gesellenprüfung oder gar Meisterprüfung kennt und jeder,

der sagt: »Das kann ich auch«, eine Maler- oder Tapeziererwerkstatt eröffnen kann.

Jonathan findet, ich verwöhne die Handwerker, die sich aus irgendwelchen dringenden Gründen in oder auf unserem Haus aufhalten, zu sehr.

Ich finde, sie müssen sich bei uns wohl fühlen, dann erledigen sie ihre Arbeit auch gern.

Jonathan findet, es kommt nicht darauf an, daß sie ihre Arbeit gern, sondern daß sie sie gut erledigen.

Ich finde, gut arbeiten kann man nur, wenn man gelobt wird und ein positives Feedback bekommt. Das ist noch wichtiger als Bier, Leberkäs und frische Brez'n. Jonathan sollte nur mal an seine Redaktion denken. Oder gar an meine.

Jonathan sieht da überhaupt keinen Zusammenhang und beharrt darauf, daß ich zu liebenswürdig und geduldig mit Handwerkern umgehe.

Ich sage: »Du verläßt jeden Morgen das Haus, aber ich muß mit Herrn Wurrler und seinen Gesellen leben, und das häufig tage- oder sogar wochenlang.« Ich finde, ich habe recht.

Herr Wurrler ist ein Malermeister, der seit vielen Jahren bei uns Rolläden, Türen, Fensterstöcke, Dachrinnen, Treppengeländer, das Gartentor, Haus- und Zimmerwände anstreicht, vielmehr anstreichen läßt. (Doch, ja, es gab eine Zeit, da sagte Jonathan: »Das kann ich auch«, aber die ist glücklicherweise längst vorbei. Sie war fürchterlich.)

Herr Wurrler schickte uns jahrelang immer wieder einen treuherzigen kleinen Mann mit pechschwarzen Haaren und einer auffallend fliehenden Stirn. Er machte sich mit den Worten bekannt: »Ich bin nämlich ein Indianer.« Er war natürlich kein Indianer, sondern stammte aus Niederbayern. Aber er verbrachte seine gesamte Freizeit in einem Cowboyclub am Isarufer.

Es dauerte lange, bis ich begriffen hatte, daß ich nie, nie, nie ein freundliches Wort an ihn richten durfte, weil ich dadurch eine endlose detaillierte Schilderung der Schlacht am Wounded Knee oder eines ähnlich tragischen Vorfalles im Leben des roten Mannes auslöste. »Da hamma kämpft bis zum letzten Blutstropfen. Die Pfeile san nur so rumgsurrt. Einer hat mi direkt ins Hirn 'troffen.«

Als Jonathan eines Abends ungewohnt früh nach Hause kam und mich Federn an einer Fellhose befestigen sah, während der Indianer ihm lallend erklärte, die Wand im Büro streiche er morgen fertig, weil er heute noch bis Oklahoma reiten müsse, rief Jonathan Herrn Wurrler an und fragte, ob er uns das nächstemal nicht einen weißen Mann schicken könne.

Der kam auch und war sehr nett und bot sich an, in der Mittagspause Michis altes Rennrad zu flikken. Er selbst habe leider kein Fahrrad und müsse deshalb jeden Morgen fünf Kilometer zu Fuß zu uns laufen, weil es in der Nähe der Pension, in der er wohnt, keine Trambahnhaltestelle gebe. Klar, daß ich ihm anbot, Michis Rennrad zu benutzen.

Er bedankte sich herzlich und stellte in Aussicht, unter diesen Umständen auch noch die Gangschaltung in Ordnung zu bringen, das Rücklicht zu reparieren und das ganze Rad zu entrosten. »Weil des nämlich ein prima Markenradl ist.« Ich war sehr zufrieden mit mir. Kaputte Gegenstände im Haus sind mir ein Greuel.

Leider haben wir weder den Mann noch das Fahrrad je wiedergesehen. Herr Wurrler sagte, jetzt könnten wir einmal ermessen, wie schwer es ein ehrlicher Handwerker habe, der auf Angestellte angewiesen sei. Jonathans Mitleid hielt sich angesichts der Rechnung in Grenzen.

So etwas würde bei unserem Fernsehtechniker natürlich niemals passieren. Er kommt immer sofort, wenn das Bild in unserem Apparat Wellen wirft, flackert oder ganz wegbleibt.

Herr Ehrlich steht dann lange sinnend vor dem Apparat, nimmt nach geraumer Zeit dessen Rückplatte ab, enthüllt eine Fülle unübersichtlich ineinander verschränkter Drähte, die ihn offenbar genauso verwirren wie mich, und sagt dann: »Ich glaub, da braucht's ein neues Modul.« Ich weiß bis heute nicht, was das ist. Aber es kostet rund 100 Mark und läßt sich, ohne den Drähtewirrwarr zu berühren, anstelle des alten Moduls anbringen. Danach geht der Fernsehapparat wieder. Inzwischen verkürze ich die Prozedur, indem ich gleich am Telephon sage: »Herr Ehrlich, ich glaub, wir brauchen wieder einmal ein neues Modul.« Dadurch erspare ich uns beiden den erschreckenden Anblick eines Fernsehapparats von innen und verkürze den Denkvorgang bei Herrn Ehrlich.

Ganz entscheidend ist unser Leben durch einen Maurer geprägt worden, der Hollerer heißt. Ich habe vergessen, wie wir an ihn geraten sind, aber ich habe neulich im Telephonbuch nachgeschaut. Er ist wirklich Maurer, jedenfalls ist er im öffentlichen Fernsprechnetz unter dieser Berufsbezeichnung aufgeführt.

Herr Hollerer hat vor Jahren unsere Terrasse mit neuen Platten belegt, und zwar dergestalt, daß sich bei Regen das Wasser gut abgegrenzt und zuverlässig unmittelbar vor der Tür zum Wohnzimmer sammelt. Wir sind seither bei schlechtem Wetter als unruhige Gäste gefürchtet und haben manchen Theaterabend vorzeitig abgebrochen.

»Das muß alles mit der Wasserwaage gemacht werden, Signora«, hatte mir Herr Hollerer während der Bauarbeiten erklärt. Nicht weil er Italiener ist, sondern weil er in Abendkursen Italienisch lernt. »Verstehen Sie eigentlich, was Signora heißt?«

Ich nickte und sagte: »Aber Herr Hollerer, ich

brauche überhaupt keine Wasserwaage, um zu sehen, daß sich die Terrasse stark nach innen neigt. Man wird ja ganz schwindlig vom Hinschauen.«
Dies sei, erklärte Herr Hollerer, eine optische Täuschung, un errore. (»Verstehen 'S des Wort errore? Des kommt nämlich aus dem Lateinischen.«) Eine Wasserwaage sei hundertprozentig. Tja.
Herr Hollerer hat später noch einen Außenkamin für uns gebaut und kürzlich durch die Entfernung einer Zwischenwand zwei kleine Zimmer zu einem mittelgroßen umgestaltet. Man kann nicht direkt sagen, die Aufträge seien nicht gelungen. Daß der Einsatz aus Herrn Hollerers Katalog zwanzig Zentimeter breiter war als der von ihm errichtete Kamin, dafür kann Herr Hollerer genaugenommen nichts, und an die beulenartige Ausbuchtung an der Südwand unseres Hauses haben wir uns recht gut gewöhnt. Ob man den unterschiedlich hohen Boden der beiden winzigen Zimmer nach dem Einrammen der Zwischenmauer auf eine Ebene hätte bringen können, entzieht sich meiner Kenntnis. Herr Hollerer erklärte mir glaubhaft: »Das gleich ich Ihnen so aus, Signora, daß Sie's unterm Teppichboden überhaupt nicht merken. Capito? Verstehen Sie jetzt eigentlich, was capito heißt?«
Seitdem geht's bei mir vom Bett zum Schrank ziemlich steil aufwärts, und ich hab mir geschwo-

ren, nie mehr, aber wirklich gar nie mehr Herrn Hollerer zu rufen.

Bis Jonathan an einem Abend, als überhaupt nichts im Fernsehen los war, nachdenklich zu mir sagte: »Du hast eigentlich recht.«

Ich erschrak ein bißchen und war ganz Ohr.

»Unser Bad ist eine Katastrophe«, stellte Jonathan fest. »Dieses schrille Rosa und Gelb und die ungerade Kachellinie...«

»Und der schwarzweiß karierte Boden dazu«, ergänzte ich glücklich. »Ich hab dieses Bad immer scheußlich gefunden. Aber du hast es mich nie renovieren lassen.«

»Aus reinem Selbsterhaltungstrieb«, erklärte Jonathan. »Wenn man dir irgendeine winzige architektonische Änderung zugesteht, dann lebt man anschließend ein Vierteljahr auf einer Baustelle. Ich darf dich daran erinnern, wie du praktisch schon den Bagger bestellt hattest, der unsere Wohnzimmerwand einreißen sollte.«

»Ach, Jonathan«, seufzte ich, »es stimmt ja, daß der Bagger nicht durch die Garage ging und daß man die Gartenmauer samt Toreinfahrt hätte niederwalzen müssen, aber ein paar Unbequemlichkeiten bringt so ein Umbau eben mit sich. Mir ist übrigens neulich eingefallen, daß eine Wendeltreppe von der Terrasse zum Balkon sehr praktisch wäre. Man könnte sie begrünen, und Michi und Christian bräuchten mit ihren Freundinnen nicht immer Auge in Auge mit uns auf der Hollywoodschaukel hinten im Garten zu sitzen, sondern könnten sie mit einem freundschaftlichen Nicken an uns vorbei auf den Balkon geleiten. Wir müßten nur ein paar hübsche Gartenmöbel, vielleicht ein, zwei Liegen und eine Markise anschaffen...«

»Und Einbrecher könnten dann gleich unmittelbar über den Balkon ins Schlafzimmer kommen«, sagte Jonathan sarkastisch. »Das ist fast noch bequemer, als wenn sie die Haustür benutzen. Da steckt zwar ständig der Schlüssel außen, aber immerhin müßten sie den umdrehen.«

»Siehst du«, rief ich triumphierend. »Und das können Einbrecher nicht, weil sie nicht wissen, daß man dazu das linke Knie gegen den Türstock pressen, mit der rechten Hand Gegendruck geben und beim Aufsperren die gesamte Türe leicht nach oben anheben muß. Das wissen wirklich nur die Kinder und wir und die allerwichtigsten Freunde und Bekannten.«

»Eigentlich wollten wir doch von unserem Badezimmer reden«, beendete Jonathan die Unterhaltung, als sie gerade richtig spannend wurde. Das tut Jonathan oft. »Vielleicht solltest du einmal Herrn Hollerer anrufen.«

»Wieso Herrn Hollerer? Der ist doch ein Maurer. Was wir brauchen, ist ein Fliesenleger«, gab ich zu bedenken.

»Ich bin mir nicht sicher«, sagte Jonathan, »aber ich glaube, um die alten Fliesen abzuschlagen und die Wände neu zu verputzen und um den Boden rauszubrechen, braucht man zuerst einen Maurer. Ich kann das natürlich auch...«, sagte er zögernd.

»Laß nur, das nehme ich schon in die Hand«, erwiderte ich schnell.

Ich holte beglückt Adressen von Fliesenlegern ein, sammelte Empfehlungen, ließ Kostenvoranschläge machen, unterhielt mich mit diesem und jenem Fachmann und stellte fest, daß in der Tat jeder ordentliche Fliesenleger auf einem Maurer besteht, der ihm – symbolisch gesprochen – das Arbeitsfeld bereitet, kurzum, alle Wegen führten wieder einmal zu Herrn Hollerer.

Ich rief ihn an, erklärte die Situation, und erfuhr, daß Herr Hollerer inzwischen auch Bäder fliest, ja, daß dies inzwischen seine Hauptbeschäftigung sei. Er habe in den letzten beiden Jahren so an die dreißig, vierzig Bäder tadellos renoviert. »Trenta, quaranta bagni, verstehen S' des, Signora?« Ein Bad sei wirklich kein Problem für ihn.

Abends erzählte ich Jonathan: »Du, Herr Hollerer kann das auch, was Fliesenleger können. Meinst du, wir sollen ihn nehmen? Dann wären alle Arbeiten in einer Hand.«

Jonathan sagte, was er immer in komplizierten

Fällen sagt, die ihn finanziell nicht betreffen. »Das mußt du wissen.«

»Du kannst froh sein, daß du einen Maurer hast, der auch Fliesen legen kann«, rief meine Freundin Tamara begeistert am Telephon. »Wir brauchten für unser Bad zuerst einen Maurer, dann einen Fliesenleger und zuletzt noch einen Verfuger.«

»Einen was?«

»Einen Verfuger. Ich hab auch nicht gewußt, was das ist. Das ist jemand, der die weißen Striche zwischen den Fliesen macht.«

»Aber das kann doch jeder Fliesenleger«, wandte ich ein.

»Das hab ich auch gedacht. Aber mein Fliesenleger brauchte zuerst einen Maurer und dann noch einen Verfuger. Du bist ein Glückspilz, daß du einen Maurer hast, der auch ein Fliesenleger und ein Verfuger ist.«

Im Verlauf der nächsten vierzehn Tage, die von immer neu aufsteigenden Staubschwaden und dumpfen Hammerschlägen erfüllt waren, stellte sich leider heraus, daß Herr Hollerer zwar laut öffentlichem Fernsprechbuch ein Maurer, aber mit Sicherheit kein Fliesenleger und erst recht kein Verfuger ist. Ich lobte ihn zwar jedesmal, wenn ich ihm ein neues Bier brachte, über alle Maßen, um auf mentalem Weg zu retten, was zu retten war, aber einmal entfuhr mir doch die Frage, ob

Elastikfugen an Wannenrändern so krumm und holperig aussehen müßten.

Herr Hollerer beruhigte mich sofort. Das sei völlig normal. »Wenn Sie wüßten, wie heutzutag manche Fliesenleger die Fugen hinpfuschen, dann täten Sie's nicht glauben. Da tät's Ihnen grausen, Signora. Des is fei ehrlich terribile. Verstehen Sie jetzt eigentlich, was des heißt: terribile?«

Als sich Herr Hollerer verabschiedet hatte (»Arrividerci Signora, verstehen Sie des?«), fand ich unser neues, perlfarben schimmerndes Bad einen Abend lang sehr schön. Im grellen Morgenlicht enthüllten sich dann erbarmungslos all die Unebenheiten, Patzer, Löcher, Rillen und rauhen Stellen, die ich durch unablässiges Lob zu verhindern getrachtet hatte.

Jonathan merkte, daß ich sehr unglücklich war und tröstete mich in der Halbzeit des Europa-Cup-Spiels, bei dem Wiggerl Kögl wieder einmal enttäuscht hatte. Jonathan meinte, wenn er bade oder dusche, sei sowieso immer alles voller Wasserdampf, und wenn er sich die Haare wasche, könne er nichts sehen, weil das chinesische Shampoo gegen Haarausfall, das ich ihm geschenkt habe, so in den Augen brenne. Aber er fände es schön, wenn der Installateur das Klo und das Waschbecken wieder anbringen würde. Das war das geringste Problem.

Unser Installateur ist ein Meister seines Fachs. Er

kommt seit langem in sämtlichen Notfällen zu uns, und zwar netterweise immer sofort. Zum Beispiel war er in jenem kalten Januar zur Stelle, als über Nacht alle unsere Wasserhähne eingefroren waren. Er taute sie mittels einer sinnvollen elektrischen Vorrichtung in Sekundenschnelle auf und erbot sich, die sturzbachartigen Fluten, die daraufhin über die Treppe in den unteren Korridor schossen und von dort ins Wohnzimmer vordrangen, selbst aufzuwischen. Was meine 82jährige Mutter nicht mit ansehen konnte, so daß wir schließlich zu dritt mit Hilfe von Schaufeln und Putzlappen Waschwanne um Waschwanne mit eiskaltem Wasser füllten.
Diesmal setzte Herr Pfuhler mit geübtem Griff das Klo an die alte Stelle und stellte die Besorgung eines neuen Waschbeckens für den nächsten Tag in Aussicht.
Um Mitternacht schimmerte mir der neugefrieste Badeboden merkwürdig intensiv entgegen. Das lag daran, daß er zentimeterhoch unter Wasser stand. Es genügte aber, ihn alle zwei Stunden aufzutrocknen. Herr Pfuhler meinte, es müsse ihm ein Fehler beim Anschluß des Klos unterlaufen sein. Dann befestigte er das Waschbecken.
Acht Tage später bröselte die Wand neben Jonathans Kleiderschrank auf tastendes Antippen hin in grünlich-feuchten Brocken zu Boden. Das könne nur am Anschluß des Beckens liegen,

stellte Herr Pfuhler fest. Die Frage sei allerdings, ob beim Kalt- oder beim Warmwasseranschluß.
Ich konnte ihm nicht helfen. Er entschied sich für den Warmwasseranschluß. »In etwa einer Woche«, sagte er, »kann man abschätzen, ob die Wand nach und nach trocknet.«
Inzwischen ist Ruhe eingekehrt. Nur Jonathan brummelt ab und zu vor sich hin, er habe bei offener Terrassentür das Gefühl, unmittelbar auf der Straße zu sitzen.
Ich habe ihm erklärt, daß dieses Gefühl sicher sofort verschwindet, wenn der Schreiner Wummerl das Tor zur Garageneinfahrt wiedergebracht hat. Ursprünglich wollte er die morschen Latten von einem Tag auf den anderen ersetzen, weil er selber sah, daß wir ohne dieses Tor ziemlich frei daliegen. Dann brachte er seinen Daumen in die Maschine. In drei, vier Wochen, glaubt er, sei alles ausgestanden.
Jonathan – finde ich – macht sich ganz unnötig Sorgen. Ich bin da anders. Ich glaube zum Beispiel fest daran, daß die Wand im ersten Stock nach und nach austrocknet. Da ist nur eine Kleinigkeit, die mich beunruhigt. Während Herr Pfuhler das Waschbecken ab- und wieder anmontierte, reichte er mir ein daumengroßes Stück Eisen mit schönen, regelmäßigen Rillen, eine Art Schraubverschluß, nehme ich an, und sagte, ich solle es zum Entkalken in Essigwasser legen. Ich

fand das eine wunderbare Idee und stellte das Schüsselchen mit heißem Essigwasser und dem daumengroßen Stück Eisen neben ihn auf den Boden. Als ich vorhin ins Bad ging, stand es da noch immer. Und auch das Eisenstück mit den Rillen lag noch drin.
Jetzt weiß ich nicht, ob mich Herr Pfuhler das Schraubstück einfach nur so hat entkalken lassen, ob er plötzlich merkte, daß es überflüssig ist, oder ob er es einfach vergessen hat und das Wasser jetzt die andere Wand durchfeuchtet. Ich bin ratlos und schildere Jonathan mein Problem. »Ich glaube, ich muß Herrn Pfuhler anrufen, damit er mir erklärt, was es mit diesem übriggebliebenen Eisenstück auf sich hat«, seufze ich.«
Jonathan schaut ungerührt in den Fernsehapparat, obwohl gar nichts läuft, was ihn interessiert. Er schaut und schweigt und sagt um die Welt nicht, nein, er sagt einfach nicht, was ich so dringend von ihm hören möchte: »Das kann ich auch.«

Jonathan kennt einen Heilpraktiker

Jonathan sorgt sich um mich. Er sagt, ich sei nervös und abgespannt und würde immer dünner. Ich gebe zu: nervös und abgespannt stimmt, aber Abitur und mittlere Reife gleichzeitig, das ist eben ein bißchen viel auf einmal.
Jonathan blickt streng und stellt ohne einen Schimmer von Mitleid fest: »Also ich habe die mittlere Reife und auch das Abitur ohne jede Hilfe gemacht, und zwar mit 1,6.«
»Entschuldige«, erwidere ich. »Den Durchschnitt von 1,6 – den hatte ich.«
»Mag sein, jedenfalls finde ich, daß unsere Söhne die mittlere Reife und das Abitur auch ohne deine Hilfe schaffen sollten.«
»Tun sie doch«, erkläre ich Jonathan. »Ich verfasse ihre Arbeiten doch nicht. Ich korrigiere sie nur auf den sprachlichen Ausdruck hin und tippe sie in die Schreibmaschine. Das ist übrigens sehr bildend. Hast du zum Beispiel gewußt, daß Marat am ganzen Körper einen juckenden Hautausschlag gehabt hat?«
»Wer ist Marat?« erkundigt sich Jonathan irritiert.

»Na hör mal, dieser berühmte französische Revolutionsheld!«

»Ach der, der immer in der Badewanne saß?«

»Richtig! Und warum saß er immer in der Badewanne und wurde sogar darin ermordet? Eben wegen diesem schrecklichen Hautausschlag.«

»Können wir nicht über etwas Appetitlicheres reden?« sagt Jonathan und schiebt angewidert seine Teetasse weg.

»Klar, ich wollte dir nur erklären, daß Christian in seiner Facharbeit über Kunst dieses fürchterliche Bild »Der Tod des Marat« mit dem einer vollbusigen Tänzerin von Degas vergleichen muß. Da hab ich mich eben ein bißchen mit der Malerei des beginnenden 20. Jahrhunderts beschäftigt und mit den Revolutionsschriften des Marat und mit der sozialen Situation der Tänzerinnen in Paris. Du ahnst nicht, wieviel Quellenmaterial es dazu gibt.«

»Also das Material über die vollbusigen Tänzerinnen würde mich auch interessieren«, bemerkt Jonathan. »Wenngleich ich mich frage, womit man heutzutage Abitur machen kann.«

»Ich bin auch ganz erstaunt«, stimme ich zu. »Michi schreibt übrigens gerade eine Arbeit über den negativen Einfluß der Medien auf das kritische Bewußtsein der Durchschnittskonsumenten. Hoffentlich schaffen wir eine 2.«

»Reizend, daß du Michi bei solch einem

schwachsinnigen Thema auch noch unterstützt«, knurrt Jonathan. »Schließlich finanzieren die Medien, bei denen seine Eltern arbeiten, sein Taschengeld, seine Skiausrüstung und all die teuren Lautsprecher und Verstärker, die bei uns im Keller herumstehen und diesen gräßlichen Lärm erzeugen.«

»Ich weiß«, entgegne ich schuldbewußt. »Aber ich kann es einfach nicht aushalten, daß unsere Söhne in der deutschen Sprache herumstolpern wie in einem Geröllfeld. Christian hat neulich nach vierzehn Zeilen Text den ersten Punkt gemacht, und Michi fängt jeden zweiten Satz mit ›und dann‹ an und schreibt so gut wie alle Wörter klein. Aber schließlich ist er nicht Stefan George, und Christian ist nicht Thomas Mann. Ich halte es für meine Pflicht, ihnen beizubringen, wie man ein Thema in kurzen, ausdrucksvollen Sätzen abhandelt.«

»Vielleicht solltest du selbst einmal wieder ein Thema in kurzen, ausdrucksvollen Sätzen abhandeln«, bemerkte Jonathan trocken. »Zum Beispiel für deine Zeitung. Das wäre auch finanziell sehr lohnend.

Jonathan versteht mich nicht. Das habe ich immer gewußt.

»Findest du wirklich, ich bin dünner geworden?« frage ich ihn nach einer Weile.

»Ja, sagte ich doch schon. Ich finde dich nervös,

abgespannt und ziemlich dünn. Deshalb wollte ich dir auch vorschlagen, du läßt dir einen Termin bei Schnals-Purry geben.«

Ich umarme Jonathan heftig. »Das ist ja wunderbar. Weißt du, ich habe schon gedacht, diese blöde Diät, die ich dauernd machen will, und das Ballett und die Gymnastik, die bringen nichts, weil ich jeden Montag 60 Kilo wiege und am Freitag 59 und am Montag wieder 60. Aber wenn du findest, ich sei dünner geworden, dann ist unsere Waage wahrscheinlich kaputt, und ich wiege in Wirklichkeit vielleicht schon 58 Kilo. Ich meine natürlich am Freitag. Übrigens – wer ist Schnals-Purry?«

»Das weißt du nicht? Schnals-Purry kennt doch jeder in dieser Stadt«, erklärt mir Jonathan. »Er ist Naturheilpraktiker, und alle, die einmal einen Termin bei ihm hatten, schwören auf ihn. Er schaut dir in die Augen, sieht, was dir fehlt und verschreibt dir dann irgendwelche Tropfen, die deinen gesamten Organismus samt Psyche wieder in Ordnung bringen. In totale Harmonie sozusagen. Wir haben vor drei Wochen eine tolle Reportage über ihn gebracht. Deine Freundin Tamara geht auch hin.«

»Ich bin mit meinem Organismus und meiner Psyche eigentlich ganz zufrieden«, wende ich ein. »Ich kann mich überhaupt nicht erinnern, wann ich zum letztenmal krank war. Und sobald

ich Christians Referat über Virginia Woolf und Michis Französischübersetzung durchformuliert und abgetippt habe, befinde ich mich – da bin ich ganz sicher – wieder in totaler Harmonie.«
»Ich finde, du solltest zu Schnals-Purry gehen«, sagt Jonathan.
»Gut«, sage ich. »Wenn du meinst.« –
Die Praxis von Schnals-Purry liegt in einem eleganten Villenviertel. Ein junger Assistent empfängt mich und führt mich ins Behandlungszimmer. Taktvollerweise will er gar nicht wissen, weshalb ich hier bin, sondern bittet mich gleich, auf einem Hocker Platz zu nehmen, mein Kinn auf einen schwarzen Apparat zu betten und mit den Augen in zwei dafür vorgesehene Öffnungen zu schauen.
Er selbst setzt sich auf die andere Seite des schwarzen Apparates und schaut mir von dort aus in die Augen. Er kann offenbar etwas sehen, ich nicht. Nach einer Weile murmelt er »Aha« und »Interessant« und »Na, so was« und macht zwischendurch Notizen.
»Was sehen Sie denn?« frage ich interessiert. »Ist es schlimm?«
»Das erklärt Ihnen Herr Schnals-Purry selbst«, sagt der Assistent.
Die Tür geht auf, Schnals-Purry betritt den Raum, hochgewachsen, schlank, vertrauenerweckend.
»Grüß Gott, Herr Doktor«, sage ich angesichts des

weißen Mantels automatisch, obwohl ich weiß, daß Schnals-Purry kein Doktor ist, jedenfalls keiner der Medizin. Aber vielleicht – tröste ich mich – ist er Doktor der Philosophie oder der Betriebswirtschaft, bei Heilpraktikern spielt das überhaupt keine Rolle.
»Ich bin zu Ihnen gekommen, weil –« beginne ich.
»Nun, das wird sich weisen«, unterbricht mich Schnals-Purry väterlich und nötigt mich wieder auf den Hocker.
Ich lagere mein Kinn erneut ab und schaue in die Röhre. Der Meister schaut von der anderen Seite.
»Ich wollte Ihnen noch erklären, was mir fehlt, das heißt, daß mir eigentlich nichts fehlt«, versuche ich es nochmals.
Schnals-Purry winkt ab und versinkt in Schweigen. Plötzlich fragt er: »Welches Sternbild sind Sie?«
»Steinbock«, sage ich. »Mit Aszendent Löwe«, füge ich schnell hinzu. Das mache ich immer, weil der Steinbock ein strenger, kühler, kontaktarmer Charakter ist, der Löwe hingegen großzügig, charmant und selbstbewußt.
»Hm«, äußert Schnals-Purry. »Hab ich mir fast gedacht. Außerordentlich typisch.« Er schaut mir weiter in die Augen, ich schaue zurück. Stille. (Ich hätte gerne gewußt, ob »typisch Steinbock« oder »typisch Löwe«, traue mich aber nicht nachzufragen.)

Plötzlich ruft Schnals-Purry: »Entsetzlich, diese migräneartigen Kopfschmerzen!«
»Das tut mir leid«, sage ich. »Haben Sie die öfter?«
»Nicht ich«, erwidert er ernst. »Sie! Sie leiden häufig unter starken, migräneartigen Kopfschmerzen.«
»Ich?« frage ich zurück. »Nein, ich leide keineswegs unter Kopfschmerzen, schon gar nicht unter migräneartigen. Ich gehöre zu den beneidenswerten Menschen, die so gut wie überhaupt nie Kopfweh haben. Das heißt, doch ja. Viel früher, wenn ich auf einer Party zuviel verschiedene Sachen in mich hineingetrunken habe und am nächsten Tag dann auch noch Föhn war, doch ja, da hatte ich schon mal Kopfweh. Aber während der letzten fünf Jahre ist so etwas nicht mehr vorgekommen. Man wird ja älter und vernünftiger. Leider.« Ich versuche ein Lächeln, das sofort auf meinen Lippen erstirbt.
Schnals-Purry blickt düster. Ich schaue ins Schwarze, er schaut in meine Augen. »Tja«, läßt er sich nach einer Weile vernehmen. »Sie sind eine starke Raucherin. Starke Raucherinnen neigen oft zu migräneartigen Kopfschmerzen.
Ich fühle mich leicht verunsichert. Hat er denn nicht gehört, daß ich keine Kopfschmerzen habe? Seltsam. Daß ich Nichtraucherin bin, darf ich ihm jedenfalls nicht verschweigen. Also sage ich: »Ich bin Nichtraucherin.«

»Ach wirklich? Aber früher haben Sie stark geraucht.«

»Nein«, quetsche ich hervor und spüre, wie ich rot werde, obwohl ich eigentlich keinen Grund habe, mich zu schämen. »Nein, ich habe überhaupt nie geraucht. Also höchstens ein oder zweimal im Jahr eine Zigarette so zum Spaß.« Schnals-Purry atmet hörbar ein. »Das kommt sicher daher, daß in meinem Elternhaus nicht geraucht wurde und nie Zigaretten herumlagen«, erkläre ich entschuldigend. »Leider hat die Sache mit dem Einfluß des Elternhauses bei meinen Söhnen nicht geklappt. Der Ältere raucht wie ein Schlot.« Ich spüre, wie meine Stimme unsicher wird und in Schweigen versickert.

Schnals-Purry schaut mir in die Augen, ich schaue zurück. »Sie sollten Ihre Zähne auf Eiterherde untersuchen lassen«, erklärt er nach einer Weile. »Eiterherde sind gefährlich.«

Ich teile ihm mit, daß ich zweimal im Jahr einen der gründlichsten Zahnärzte Münchens aufsuche, der sich für jeden einzelnen Zahn seiner Patienten so viel Zeit nimmt, daß mein Mann Jonathan es einfach nicht aushält, sich von ihm behandeln zu lassen, weil er dazu als Widder mit Aszendent Widder zu ungeduldig ist.

»Wenn sich in meinem Gebiß je ein Eiterherd befunden haben sollte, dann ist der sofort erkannt und endgültig beseitigt worden«, erkläre ich

Schnals-Purry mit fester Stimme. Schließlich geht es um den guten Ruf eines der gründlichsten Zahnärzte Münchens.

Schnals-Purry schweigt und schaut. Dann läßt er mich wissen, daß sich bei mir jede kleine Aufregung sofort auf den Magen schlägt und daß meine dauernden Magenschmerzen sicher sehr unangenehm seien.

Jetzt habe ich die Wahl. Entweder ich gebe die Magenschmerzen zu, die ich nicht habe, oder mein Status als Patientin verschlechtert sich ins Bodenlose.

»Was tun Sie gegen Ihre Magenschmerzen?« erkundigt sich Schnals-Purry streng.

»Nichts, äh, überhaupt nichts, ich habe nämlich nie Magenschmerzen«, stottere ich. »Es ist vielmehr so, daß in meiner Familie mein Magen als sprichwörtlich eisern gilt. Wissen Sie, ich kann ein Pfund unreife Johannisbeeren reinschlingen und darauf zwei Gläser eiskaltes Wasser trinken oder die Fettränder vom Tellerfleisch der ganzen Familie aufessen...

Schnals-Purry unterbricht mich: »Das meine ich nicht. Ich meine, wie reagiert Ihr Magen auf seelische Probleme?«

»Gar nicht«, gebe ich zu und schäme mich schon wieder ein bißchen. »Jedenfalls habe ich nie etwas davon bemerkt.«

»Unglaublich«, sagt Schnals-Purry, und sein

Schnurrbart zittert leicht, ich weiß nicht, ob vor Empörung oder Enttäuschung.

Ich fühle deutlich, daß meine Situation langsam unhaltbar wird und durchwühle verzweifelt mein Gedächtnis nach etwas Entspannendem. Endlich fällt mir etwas ein. »Vor drei Jahren habe ich einmal eine Blitzdiät gemacht, die ›Blick der Frau‹ empfohlen hat«, berichte ich Schnals-Purry. »Am ersten Tag habe ich neun harte Eier gegessen, am nächsten neun Wiener Würstel und am dritten Tag neun Bananen. Nach der achten habe ich furchtbare Magenschmerzen bekommen, richtige Krämpfe. Es war so schlimm, daß ich mich zum Telephon geschleppt und den Notarzt angerufen habe. Der hat mir ein krampflösendes Mittel gegeben und gesagt, ich solle einen Leserbrief an ›Blick der Frau‹ schreiben. Leider hab ich's vergessen.«

Schnals-Purry bleibt unversöhnt. Er gibt in rascher Folge ein vernichtendes Urteil über meine Bauchspeicheldrüse, meine Milz und meine Niere und meine Leber ab, wobei mich die Leber beunruhigt hätte, wäre ich nicht vor kurzem beim Internisten gewesen, der mir – am Rande einer allgemeinen Untersuchung – tadellose Leberwerte bestätigt hatte.

Wirklich widersprochen habe ich Schnals-Purry erst wieder bei den Blähungen. »Nein«, sagte ich fest. »Ich leide nicht unter Blähungen.« Da solle er sich keine Sorgen machen. Wenn ich welche hätte, wäre es in der Tat peinlich, denn unser Boxerhund habe welche, vor allem abends, wenn er im Wohnzimmer zu unseren Füßen liege. Deshalb könne ich auch beurteilen, was Blähungen seien und guten Gewissens erklären, daß ich keine habe.

Mir ist klar, daß sich das Vertrauensverhältnis zwischen mir und Schnals-Purry inzwischen auf des Messers Schneide befindet. Deshalb akzeptiere ich auch das taube Gefühl in Händen und Füßen, das mich jeden Morgen quälen soll, widerspruchslos. Vielleicht quält es mich ja wirklich, und ich merke es nur nicht, weil ich in der Früh immer so schwer aufwache.

Andererseits erwarte ich die ganze Zeit, daß Schnals-Purry mittels Augendiagnose wenigstens ein paar der dramatischen Operationen entdecken würde, durch die mich ganz gewöhnliche Schulmediziner mehrfach vom Rand des Grabes zurückgerissen haben. Nicht, daß mich diese Kaiserschnitte, Lungenkollapse und andere technischen Pannen meines Organismus noch in irgendeiner Weise irritieren – das nicht –, nur, daß sie überhaupt keine Spuren in meinen Augen hinterlassen haben sollen, das wundert mich.

Zuletzt erklärt Schnals-Purry mit einer gewissen Ergriffenheit, daß es in meinem Alter tragisch sein müsse, wenn die Beine nicht mehr mitmachen.

Ich sage ihm, daß ich jede Woche Jazzgymnastik und klassisches Ballett betreibe und vor drei Wochen den Nordhang der Lagalp gefahren bin. »Die kennen Sie doch sicher. Das ist dieser wahnsinnige Steilhang mit den vielen Buckeln gegenüber der Diavolezza in Pontresina.

»Natürlich kenne ich den Hang. Aber den hab ich mir noch nie zugetraut.«

»Das versteh ich gut«, erwidere ich. »Das ist eine gemein schwierige Skiabfahrt. Aber beim drittenmal hatte ich schon gar keine Angst mehr. Nur einen fürchterlichen Muskelkater.«

Schnals-Purry erhebt sich und fragt kühl: »Warum sind Sie denn eigentlich hier?«

»Das wollte ich Ihnen gleich am Anfang erklären«, sage ich. »Mein Mann findet, ich sei nervös und abgespannt und etwas dünner als sonst. Aber ich glaube, wenn ich die mittlere Reife und das Abitur hinter mir habe, dann geht's mir wieder besser.«

»Auf dem Anmeldeformular steht, Sie seien Journalistin«, sagt Schnals-Purry streng. Dann drückt er mir ein Rezept in die Hand. »Lassen Sie sich das in der homöopathischen Apotheke um die Ecke zusammenstellen, und verzichten Sie das nächste halbe Jahr auf Fleisch, Weißbrot, Butter, Orangen, Kaffee, Alkohol, Reis, Salat, Geflügel, Fisch und Käse. Dann werden Ihre Beschwerden nachlassen.«

»Welche Beschwerden?« fragte ich.
Die Tropfen, die mir Schnals-Purry verschrieben hat, waren sehr teuer und schmeckten gräßlich. Ich habe sie weggestellt. Seine anderen Vorschläge haben sich großartig bewährt. Dadurch, daß ich nichts von alldem, was mir Spaß macht, essen durfte, erreichte ich innerhalb von vier Wochen mein Traumgewicht. Jonathan findet, ich sähe erschreckend dünn aus und hätte tiefe Ringe unter den Augen. Das wirke sehr geheimnisvoll und sexy. Ich gab ihm einen Kuß und sagte, das hätten wir alles Schnals-Purry zu verdanken.
Zwei Wochen, nachdem Christian ohne jede Schwierigkeit sein Abitur und Michi die mittlere Reife geschafft hatten, traf Jonathan Schnals-Purry auf einem Empfang.
»Was hat er gesagt?« erkundige ich mich.
»Er hat gefragt, wie es dir geht«, brüllt Jonathan. Die Leitmusik vom »Denver-Clan« ist wirklich sehr laut.
»Und was hast du geantwortet?« brülle ich zurück.
»Daß es dir großartig geht. Er war sehr erstaunt. Er sagte: ›Ich konnte Ihrer Frau ja leider nicht helfen, weil sie nicht an mich geglaubt hat.‹«
Alexis läßt ihren Zobel von den Schultern gleiten und zischt ihrem Exmann John Carrington entgegen, daß sie ihn vernichten wird.
»Außerdem sagte Schnals-Purry, du habest ihm

dauernd widersprochen«, fügt Jonathan noch schnell hinzu, während der arme alte Carrington vor Schreck nicht weiß, was er Alexis, dem Biest, an den Kopf werfen soll.

»Aber Jonathan, ich habe dir doch erzählt, was er alles in meinen Augen gesehen hat. Es hat nichts, überhaupt nichts davon gestimmt! Migräne und Magenschmerzen, Eiterherde und Blähungen, angegriffene Leber und versagende Beine, taube Finger und dann noch starker Zigarettenkonsum. Es war einfach lächerlich.«

»Das mag ja sein«, sagt Jonathan begütigend. »Aber Tatsache ist doch, daß du gerne widersprichst. Ich meine, ich bin ja daran gewöhnt, aber andere fühlen sich dadurch eben verunsichert.« Und dann sagt er noch: »Ich denke, ich werde nächstens einmal zu Schnals-Purry gehen. Du weißt ja, ich habe immer noch diese verschleppte Sommergrippe.«

Jonathan kann nicht Italienisch

Jonathan findet es herrlich, anderen Menschen Urlaubsphotos zu zeigen. Vor allem solche, auf denen er selbst drauf ist. Jonathan ist oft drauf. Sobald wir ein Schiff bestiegen haben, ein Denkmal besichtigen oder uns unter einem Sonnenschirm niedergelassen haben, greift Jonathan zu meiner kleinen Kamera, stellt sorgfältig die Entfernung ein und sagt: »Mach doch mal ein Photo von mir, aber paß auf, daß der Schiffsmast (das Denkmal, der Sonnenschirm) auch drauf ist.«
Ich drücke auf den Knopf und achte darauf, daß Jonathan möglichst vorteilhaft in den Wind (aufs Meer, zu dem Denkmal hinauf) schaut.
Jonathan macht auch manchmal Photos von mir. Am liebsten, wenn ich nicht darauf gefaßt bin und den Strohhut schief auf der Nase habe, an einem Hähnchenknochen kaue oder mit verzerrtem Gesicht in die Sonne blinzle. Er findet, Schnappschüsse seien viel origineller als gestellte Photos. Zu Hause wundert er sich immer, wo all die vielen Urlaubsphotos mit mir im Vordergrund geblieben sind. Ich könnte Jonathan natürlich sagen: im Papierkorb. Aber ich tu's nicht.

Neulich zeigte Jonathan unserer Freundin Tamara Urlaubsphotos aus der Türkei. (Tamara findet nichts schlimmer, als Urlaubsphotos anzusehen.) Ein Photo von der großen Moschee in Konya, der Stadt der tanzenden Derwische, gefiel ihr besonders gut. »Da sind wenigstens ein paar einheimische Frauen drauf und nicht nur Touristen«, sagte sie anerkennend. Die Türkin rechts außen fand sie besonders typisch. Die war ich.
Nun sehe ich auf diesem Photo mit Kopftuch und Sonnenbrille wirklich verblüffend türkisch aus. Aber das hat nicht viel zu bedeuten. Seit ich zurückdenken kann, hält man mich in Griechenland für eine Griechin, in Israel für eine Israeli, in Südfrankreich für eine Französin und in Italien sowie allen Ländern nördlich der Alpenkette für eine Italienerin.
Sogar die nette Bäuerin an dem kleinen oberbayerischen Moorweiher, in dem ich ab und zu zwischen Seerosen und dicken, blauen Libellen herumschwimme, hält mich für eine Italienerin. Wenn ich mir am Küchenfenster ein Glas Milch oder einen Zwetschgendatschi bei ihr abhole, fragt sie: »Woher genau in Italien kommen Sie jetzt eigentlich?«
»Ich hab Ihnen doch schon ein paarmal gesagt, ich bin keine Italienerin, ich bin in Bayern geboren«, erkläre ich ihr.
»Des glauben S' doch selber ned«, erwidert sie

unbeugsam. »So schwarz wie Sie san nur Italiener.«

»In Bayern gibt es doch viele brünette Menschen.«
»Ja mei, brünett vielleicht scho, aber ned so schwarz wia Sie.«

Ich kann machen, was ich will. Die Bäuerin, die ich seit Jahren kenne, glaubt mir nicht, daß ich keine Italienerin bin.

Jonathan ist auch dunkel. Aber nicht ganz so dunkel. Bei ihm zweifelt nördlich der Alpen niemand daran, daß er Deutscher ist. Aber jenseits des Brenners hält man ihn für einen Italiener. Das ist manchmal recht praktisch, häufig aber auch nicht, denn Jonathan und ich können gemeinsam zwar zweieinhalb Fremdsprachen, Englisch (beide), Lateinisch (Jonathan) und ein bißchen Französisch (ich), aber nicht Italienisch. Jedenfalls nicht richtig. Nur was sich im Lauf eines Lebens im Urlaub so angesammelt hat. »Prego (schon falsch!) un vino bianco«, »Come sta?«, »Sono molto contento« und »Fa caldo«. Das wär's im allgemeinen.

Jonathan und ich fahren im Auto durch die Toskana. Wir steuern ein Dorf an und wissen nicht, wie's dahinter weitergeht. Ein Einheimischer kommt des Wegs. Jonathan kurbelt das Autofenster herunter und ruft mit perfektem italienischen Akzent: »Scusi Signor, per Arezzo?« oder Gubbio oder Orvieto.

»Ah, Arezzo« – oder Gubbio oder Orvieto –, ruft der Italiener freudig zurück und beschreibt Jonathan, begleitet von vielen temperamentvollen Gesten, in rasendem Tempo den Weg. Auf italienisch natürlich.

»Grazie Signor, molto gentile«, bedankt sich Jonathan, und sein Tonfall und sein rollendes R klingen wirklich sehr italienisch. Dann dreht er das Fenster hoch, wendet sich zu mir und fragt:

»Was hat er gesagt?«

»Keine Ahnung.«

»Aber ich hab kein Wort verstanden, der redete ja wie ein Maschinengewehr«, klagt Jonathan.

»Das kommt davon, weil er dich für einen Italiener gehalten hat.«

Das nächstemal, findet Jonathan, soll ich nach dem Weg fragen. »Du unterhältst dich doch sowieso ständig mit den Einheimischen. Gestern, in der Trattoria, hast du dem Wirt nach dem dritten Glas Wein erklärt, wie schlimm das Waldsterben ist, und der sagte, in Italien sei das überhaupt nicht schlimm, weil es da fast keine Wälder mehr gibt, und ob die Leute in Italien vielleicht schlecht leben? Eccolà.«

»Das muß der Wein gewesen sein«, vermute ich.

Eine Signora, ganz in Schwarz, mit einem Gemüsenetz in der Hand, nähert sich unserem Auto. Ich kurble das Fenster herunter: »Scusi, dove la strada per Arezzo?« frage ich.

»Per Arezzo? Non è lontano«, strahlt die Signora und legt los: »Vada sempre diritto, al semaforo gira a destra, dopo prenda la seconda strada a sinistra, continui fino alla Chiesa, attraversi la Piazza – ecco la strada per Arezzo.«
»Grazie Signora. Molto gentile«, sage ich.
»Prego Signora, buon giorno«, sagt sie.
»Wie müssen wir jetzt bitte fahren?« fragt Jonathan. Ich weiß es nicht.
Jedem ist klar, daß es so nicht weitergehen kann. Also hat Jonathan beschlossen, daß wir richtig Italienisch lernen müssen. Wenigstens einer von uns beiden. Also ich. Es gebe da, meint Jonathan, ausgezeichnete Volkshochschulkurse.
Vor ein paar Tagen brachte Jonathan ein kleines, abgegriffenes Buch mit Goldprägung auf dem roten Ledereinband nach Hause. »Das ist ein italienischer Sprachführer«, erklärt er. »Hab ich in Onkel Marius' Nachlaß gefunden. Schau doch mal rein, bevor du dich bei der Volkshochschule anmeldest. Sieht ganz brauchbar aus.«
»Wann ist Onkel Marius gestorben?« erkundige ich mich.
»Anfang der sechziger Jahre. Das mußt du doch noch wissen. Schließlich ist er 94 geworden.«
»Und dieser Sprachführer stammt von ihm?«
»Ich glaube schon. Onkel Marius war als Jüngling sehr an fremden Ländern und Kulturen interessiert.«

»Das muß« – rechne ich aus – »irgendwann tief im vergangenen Jahrhundert gewesen sein.«

»Hier steht's ja«, stellt Jonathan fest und schlägt die erste zerfledderte Seite des Bändchens auf: »Leitfaden der deutschen und italienischen Conversationssprache, enthaltend Gespräche über Reisen, Eisenbahnen und Dampfschiffahrt. 2. Auflage, 1882.«

»Dampfschiffahrt trifft auf uns ja weniger zu«, sage ich sarkastisch. »Eisenbahnen auch eher selten. Ich will dich jetzt nicht an unseren Ausflug in Kreta erinnern – das wäre unfair –, aber ein Italienischlexikon, in dem bereits das Automobil vorkommt, wäre vielleicht günstiger.«

»Nimm doch nicht immer alles so genau. Italienisch ist Italienisch, und für die wichtigsten Grundsituationen wird's schon reichen«, erklärt Jonathan und schlägt den »Spiegel« auf, weil es Montag ist.

»Ja, du hast recht«, rufe ich freudig. »Hör mal, was hier über die Grundsituation des Teetrinkers steht.« Ich lese die von Onkel Marius' Leitfaden empfohlenen Sätze in direkter Reihenfolge, allerdings ohne die jeweilige italienische Übersetzung, vor. »›Bringen Sie den Thee. – Besorgen Sie den Theetisch. – Gießen Sie mehr Spiritus in die Lampe. – Schrauben Sie den Docht mehr heraus. – Der Thee hat nicht lange genug gezogen. – Der Thee ist zu schwach. – Der Thee ist zu stark. – Der

Thee ist zu bitter. – Der Thee ist nicht süß genug. – Sie haben die Zuckerzange nicht gebracht.‹«
»Das gibt's doch nicht«, sagt Jonathan und blickt von einem Artikel über Gorbatschow auf. »Kommt da überhaupt kein Bitte oder Danke vor?«
»Beim Kapitel Tee jedenfalls nicht«, erwidere ich und blättere weiter. »Hier gibt's Vorschläge für den Fall, daß einem der Schuster handgearbeitete Schuhe ins Hotel bringt.«
»Irre komisch«, brummt Jonathan.
»Find ich auch«, sage ich und lese: »›Warum haben Sie die Schuhe so spitz gemacht? – Die Schuhe sind viel zu eng. – Das Oberleder taugt nichts. – Die Sohlen sind zu dünn. – Der Absatz ist zu niedrig. – Ich kann in diesen Stiefeln nicht gehen. – Sie sind gar nicht für mich gemacht. – Die Stiefel müssen fortgeworfen werden.‹«
»Rauhe Töne«, sagt Jonathan.
»Richtig ist, daß deine Stiefel fortgeworfen werden müssen«, sage ich.
»Kommt nicht in Frage. Die trage ich noch ein Jahr«, sagt Jonathan.
»Laß uns mal nachsehen, was dem deutschen Italienreisenden vor hundert Jahren für einen Besuch beim Schneider empfohlen wird«, schlage ich vor. »Er stellt als erstes fest: ›Wenn die Sachen nicht sitzen, müssen Sie dieselben zurücknehmen‹«, teile ich Jonathan mit. »Dann folgen zwei

Seiten verzweifelter Anklagen, und zuletzt erklärt der deutsche Urlaubsgast: ›Der Rock ist total verschnitten. – Die Hose ist um zwei Zentimeter zu kurz. – Die Hose kneift mich. – Die Ärmel sind falsch herum eingenäht. – Die ganze Bestellung ist verunglückt.‹«
Jonathan läßt endgültig den »Spiegel« sinken. »Toll«, sagt er und nimmt mir den ›Leitfaden der deutschen und italienischen Conversationssprache von 1882‹ aus der Hand. »Das waren noch Zeiten, als die Touristen nicht ständig ermahnt wurden, sich im Ausland taktvoll und unauffällig zu benehmen, sondern mit gebrauchsfertigen Schimpfkanonaden ausgerüstet wurden. Hier gibt's tatsächlich ein ganzes Kapitel zum Thema ›Zorn und Mißbilligung‹. Hör mal zu: ›Pfui‹«, intoniert Jonathan. »›Pfui, die Schande! – Schämt ihr euch nicht? – Das ist schändlich. – Das ist sehr übel. – Das ist abscheulich. – Wie können Sie so unartig sein? – Wie dürfen Sie es wagen, das zu tun. – Sie treiben meine Geduld aufs äußerste. – Ich bin sehr unzufrieden. – Bleiben Sie ruhig. – Hören Sie auf. – Ich warne Sie. – Ich werde das nicht dulden. – Keine Unverschämtheit. – Ruhe. – Wollen Sie wohl schweigen. – Fort aus meinen Augen.‹«
»Wenn ich an meinen allerersten Italienurlaub gleich nach dem Abitur zurückdenke und an dieses romantische Fischerboot bei Vollmond, dann

hätte ich die letzten zehn Sätze hervorragend gebrauchen können«, seufze ich.
Jonathan blickt streng.
Ich sage rasch: »Lies mir doch ein bißchen was aus dem Kapitel ›Zorn‹ vor.«
»›Ich bin schlechter Laune‹«, beginnt Jonathan drohend. »›Ich bin in einer furchtbaren Laune. – Ich bin erzürnt. – Ich bin aufs empfindlichste beleidigt. – Ich befinde mich in einem schrecklichen Zorn. – Ich bin wütend. – Ich bin vor Zorn außer mir. – Sono fuori di me dalla rabbia.‹«
»Das nächste Kapitel darf ich vorlesen«, verlange ich.
»Nein, ich.«
Wir rangeln um Onkel Marius' hundertjähriges Lexikon mit Goldprägung.
»Also gut, du bist für Kultur zuständig«, gibt Jonathan schließlich nach und deutet erwartungsvoll auf die Überschrift: ›Im Theater‹.
Ich atme durch und frage streng: »›Von wem ist der Flügel?‹« um sofort festzustellen: »›Er klingt nicht gut in diesem Saal. – Mir gefällt das Programm nicht. – Die Inszenierung ist abgeändert worden. – Wir wollen uns das Geld wiedergeben lassen.‹«
»Sehr vernünftig«, kommentiert Jonathan. »Das sollte man allgemein einführen. Wenn ich an die Inszenierung in den Kammerspielen letzten Sonntag denke…«

»Du hast keinen Sinn für modernes Regie-Theater«, bemerke ich spitz. »Das Publikum hat jedenfalls getobt vor Begeisterung.«
»Also ich habe laut Buh gerufen«, sagt Jonathan.
»Ich erinnere mich. Es war sehr peinlich«, erwidere ich.
»Sieh mal, hier gibt es ein Kapitel übers Wetter«, lenkt Jonathan ab.
»Das ist langweilig«, sage ich. »Jeder weiß, daß in Italien immer schönes Wetter ist.«
»Nicht 1882«, beharrt Jonathan. »In Onkel Marius' Reiseführer fragt der Gast interessiert: ›Was ist für Wetter?‹ Und bekommt sofort die düstere Antwort: ›Es ist schlechtes Wetter. – Der Himmel ist bedeckt. – Es wird dunkler. – Es ist abscheuliches Wetter! Auf die schüchterne Feststellung, es sei schönes Wetter, folgen sofort gegenteilige Behauptungen.« Jonathan fährt fort zu lesen: »›Es ist kalt. – Es ist außerordentlich kalt. – Es regnet in Strömen. – Es glatteist. – Es fällt naß. – Es ist sehr unangenehm.‹«
»Steht das wirklich so da?« frage ich.
»Genauso«, sagt Jonathan, »über die nächsten drei Seiten blitzt, hagelt, schneit, staubt und friert es, daß es eine wahre Urlaubslust ist.«
Jonathan teilt mir dann noch rasch mit, wie sich der versierte Italienurlauber verhält, wenn er ein Hotelzimmer betritt. Er stellt in rascher Folge fest: »›Mir fehlt ein Stiefelknecht. – Ihre Bettbezüge

sind feucht. – Es muß immer frisches Wasser auf dem Tisch stehen. – Schließen Sie das Fenster, es zieht.‹« Außerdem läßt er mich wissen, was der liebenswürdige Urlaubsgast von 1882 beim Besuch im Küchengarten der Hausfrau äußert. Er äußert: »›Es ist sehr viel Unkraut unter den Mohrrüben. Das Unkraut muß ausgejätet werden.‹« Das Kapitel »Am Bahnhof« darf ich vorlesen, obwohl Jonathan so gern vorliest und nachweislich die geeignetere sonore Stimme besitzt. »›Schaffner, zweiter Klasse nach X‹«, fordere ich und fahre fort: »›Weisen Sie mir einen guten Platz an. – Ich möchte alleine sitzen. – Ich möchte einen Eckplatz haben. – Ich kann nicht rückwärts sitzen. – Ich kann nicht in der Mitte sitzen. – Schaffner, weisen Sie mir ein anderes Coupé an.‹« Es scheint sich um einen typischen italienischen Zug zu handeln, denn: »›Es zieht entsetzlich. – Der Staub dringt furchtbar in den Wagen. – Wir sind ganz bestaubt. – Es regnet von jeder Seite hinein. – Es regnet oben durch. – Es ist eine Achse gebrochen. – Der Zug ist aus den Schienen gekommen. – Es ist Feuer im Gepäckwagen ausgebrochen. – Werden wir wohl weiterkönnen?« Diese Frage bleibt in Onkel Marius' Lexikon unbeantwortet, denn der deutsche Reisende fordert zu diesem Zeitpunkt nachdrücklich: »›Schaffner, ich möchte aussteigen.‹« – Jonathan wischt sich die Lachtränen aus den Augen.

»Vielleicht solltest du doch lieber in einen Italienischkurs der Volkshochschule gehen«, schlägt er vor und sucht im »Spiegel«, wo er den Artikel über Gorbatschow unterbrochen hat. Ich antworte: »›Das ist sehr ungezogen von Ihnen. Sie treiben meine Geduld aufs äußerste. Fort aus meinen Augen.‹«

Am nächsten Donnerstag sitze ich in einem Klassenzimmer der Grundschule Pullach, einem südlichen Vorort Münchens, und sage zum dritten Mal zu meiner Nachbarin: »Mi chiama Helga Leeb ed abita a Monaco.«

Sie schaut mich verständnislos an. Am liebsten würde ich ihr zurufen: »Pfui, die Schande! Schämt Ihr Euch nicht?«

Aber das haben wir noch nicht gelernt.

Jonathan kauft sich ein Sakko

Jonathan haßt es, sich etwas Neues zum Anziehen zu kaufen. Wenn es nach ihm ginge, würde er immer noch die unverwüstlichen glasigen Nylonhemden aus den sechziger Jahren und Hosen mit Schlag tragen. Und sein Lieblingsjackett aus Tweed, dessen Farbe je nach Beleuchtung zwischen Schwarz, Grau, Anthrazit und einem grünlichen Beige schwankt. Es paßt zu allem und ist immer richtig – findet Jonathan. Glücklicherweise geht es nicht nach ihm.

Neulich hat er dieses Jackett aus einem Altkleidersack, den ich für die Caritassammlung vor die Gartentür gestellt hatte, herausgezerrt und behauptet, wenn ich ein so tadellos erhaltenes Stück weggäbe, dann sei dies nur ein weiterer Beweis dafür, daß ich keinen Sinn für sparsame Haushaltsführung besäße. Das habe seine Mutter schon immer vermutet. Ich erinnerte ihn an unseren Skiurlaub in St. Moritz.

Jonathan gab zu, daß er sich damals sehr geschämt habe. Aber der Urlaub sei nicht nur wegen seines Jacketts so katastrophal verlaufen: Es endete wie immer. Ich hängte das Jackett zurück in

den Schrank. Jonathan fuhr in die Redaktion. Ich nahm das Jackett wieder aus dem Schrank und stopfte es zurück in den Altkleidersack.
Jonathan hat sich nie mehr daran erinnert.
Daß Jonathan nicht auffallend modisch, aber immerhin dezent elegant gekleidet ist, hat mit Herrn Bäcker zu tun. Herr Bäcker besitzt ein kleines, feines, stilles Herrenbekleidungsgeschäft in einer kleinen, feinen, stillen Straße Münchens. Vor vielen Jahren führte uns ein gütiges Schicksal in den Laden von Herrn Bäcker, als wir unverrichteterdinge völlig entnervt und bereits von Scheidung redend aus einem der großen Herrenausstattungshäuser im Zentrum traten und heftig gestikulierend die Straße entlangliefen.
Seither besuchen wir das kleine, feine, mit weichem Plüsch ausgelegte Geschäft von Herrn Bäcker einmal im Frühjahr und einmal im Herbst und erstehen dort ein oder zwei Jacketts mit passenden Hosen und von Fall zu Fall auch einmal einen Anzug oder einen Mantel für Jonathan.
Das spielt sich so ab: Jonathan sucht einen Parkplatz. Ich eile in den Laden, renne die Treppe hinauf, wedle einen Verkäufer und einen Lehrling beiseite, begrüße Herrn Bäcker und teile ihm mit: »Wir brauchen eine sportliche Jacke und zwei Hosen, davon eine dunkelblau und möglichst ohne oder nur mit einer ganz schmalen Bundfalte. Sie wissen ja…«

Herr Bäcker weiß.
Vor allem, daß die Zeit drängt. Er blättert mit mir in rasendem Tempo ein Dutzend Sakkos in Jonathans Größe durch. Das großkarierte, hochmodische kommt nicht in Frage, das seidenglänzende ist zu teuer, das mit dem Lederbesatz wirkt zu jugendlich, lila geht – wenn überhaupt – nur am Abend. Wir einigen uns auf ein dezent-elegantes Modell, das den von mir unauffällig reduzierten Inhalt von Jonathans Kleiderschrank aufs beste ergänzen würde. Auch Herr Bäcker weiß schließlich, was drinhängt. Wir suchen rasch noch zwei Hosen aus, da trifft Jonathan ein. (Jonathan hat sprichwörtliches Glück beim Aufspüren von Parklücken in der Innenstadt.) Er wirft mir einen hilfesuchenden Blick zu und stellt fest: »Ich glaube, ich brauche ein Jackett.«
Herr Bäcker hat jetzt viel Zeit. »An welche Farbe haben Sie gedacht?« erkundigt er sich.
Jonathan weiß nicht recht. »Vielleicht so etwas?« Er greift nach dem grauenhaft Großkarierten.
Herr Bäcker ist begeistert, läßt Jonathan hineinschlüpfen und stellt fest, daß großkariert sehr schlank macht. Dann entdeckt er, daß die Schulterpartie nicht gut sitzt. So ein Pech!
Jonathan deutet blindlings auf weitere Jacketts, überaus farbenfrohe zumeist, auch das in Lila ist darunter und eines vom Vorjahr, das bereits in Jonathans Schrank hängt. Herr Bäcker zeigt sie ihm

alle geduldig, aber es stimmt immer irgend etwas nicht mit der Paßform. Zuletzt bringt Herr Bäcker ein unauffälliges, elegant-dezentes Jackett, das hervorragend sitzt. Es sei vielleicht ein wenig zu jugendlich und modisch geschnitten, gibt er zu bedenken.
Das findet Jonathan nun überhaupt nicht.
Ich blicke zweifelnd, finde das Jackett auch sehr, sehr jugendlich und versuche es ihm vorsichtig auszureden.
Worauf Jonathan darauf besteht, es zu kaufen. Warum soll er nicht etwas Jugendliches tragen, wo er gerade wieder angefangen hat, zweimal in der Woche schwimmen zu gehen und voraussichtlich demnächst abnehmen wird.
Herrn Bäcker fällt plötzlich ein, daß es zu diesem Jackett eine fabelhaft passende Hose gibt. Jonathan ist traurig, daß sie nicht diese tiefen, beutelartigen Bundfalten hat, die so bequem sind. Herr Bäcker bringt ihm zum Trost noch eine zweite Hose. Die hat eine kleine, unauffällige Bundfalte und ist dunkelblau. Jonathan nimmt beide und seufzt: »Gott sei Dank, daß es vorbei ist.« Herr Bäcker schreibt die Rechnung und denkt dasselbe. Ich drücke ihm zum Abschied die Hand, und wir sind alle ganz glücklich.
Leider hat das Schicksal offenbar etwas dagegen, daß unsere Einkäufe bei Herrn Bäcker zu Unternehmungen ungestörter Harmonie werden. Ich

bin nicht abergläubisch, aber die Geschehnisse der letzten Zeit geben mir zu denken.

Als wir kürzlich Herrn Bäcker aufsuchten, war am Abend zuvor eine Auswahl von Loriots Sketchen im Fernsehen gelaufen. Besonders komisch war wieder die Szene, in der Loriot als modisch gänzlich hilfloses männliches Wesen in Begleitung einer schrecklich entschlossenen Ehefrau einen Herrenausstatter besucht, um einen Anzug zu kaufen.

Wer den Sketch kennt, kann jetzt sowieso nicht weiterlesen, weil er sich die Lachtränen aus den Augen wischen muß. Für alle andern sei nur soviel gesagt: Loriot bekommt vom Verkäufer die gräßlichsten Modelle angezogen mit der Versicherung, zu lange Hosen schrumpften beim Gehen ein, zu kurze würden beim Tragen länger, Ärmel trüge man heutzutage so, daß die Hände verdeckt seien und ähnliches. Der Höhepunkt der Szene besteht darin, daß Loriot seine Brieftasche vermißt, die er probeweise in ein kariertes Sakko gesteckt hat. Er beschuldigt, über seine viel zu großen Hosen stolpernd, alle anderen Kunden, die auch karierte Jacketts anprobieren, fingert an ihnen herum und greift ihnen in die Brusttaschen. Schließlich findet er im allgemeinen Chaos seine Brieftasche und verläßt im grotesken Kniegang das Geschäft, um seine neue Hose »einzutragen«.

Jonathan und ich betraten am Tag nach der Sendung Herrn Bäckers kleines, feines Geschäft und begrüßten ihn herzlich.
»Haben Sie gestern die Sendung mit Loriot gesehen?« fragte Jonathan.
»Na klar«, rief Herr Bäcker.
»War die Szene im Herrengeschäft nicht wahnsinnig komisch?«
»Unbezahlbar«, bestätigte Herr Bäcker.
»Ich wäre vor Lachen fast gestorben, wie der seine Brieftasche sucht«, sagte ich.
»Und wie ihm der Verkäufer die viel zu großen Hosen einredet«, sagte Jonathan.
»Also ich fand die Sache mit der Brieftasche am komischsten«, sagte Herr Bäcker.
Und dann hörten wir alle drei auf, von Loriot zu sprechen, weil Jonathan plötzlich einfiel, daß es vielleicht nicht taktvoll war, mit Herrn Bäcker über die komischen Anzugverkäufer in Loriots Film zu reden, und Herr Bäcker zum Bewußtsein kam, daß er sich vielleicht nicht allzusehr über die komischen Kunden in Loriots Film amüsieren sollte. Jedenfalls nicht in Anwesenheit von Kunden.
Das Thema wurde also fallengelassen, und Jonathan kaufte ein Jackett.
Zu Hause – Boris Becker warf gerade seinen Schläger quer über den Bildschirm und ballte drohend die Fäuste – griff Jonathan in die Brustta-

sche seiner Jacke und sagte: »Meine Brieftasche ist nicht da.«

»Die hast du sicher im Gang auf den blauen Bauernschrank oder auf den Schreibtisch gelegt«, erwiderte ich und ging nachsehen. Sie lag weder hier noch dort.

»Wo kann sie denn nur sein?« rief Jonathan ratlos. »Eine Brieftasche nimmt man doch nicht ohne Grund aus der Brusttasche, vor allem nicht jemand, der so ordentlich ist wie ich und nie etwas verliert oder verlegt. Brusttasche!« schrie er in diesem Augenblick auf. »Lieber Himmel, wir waren doch heute bei Herrn Bäcker, und ich habe ausprobiert, wie das weinrote Jackett aussieht, wenn die Brieftasche drinsteckt.«

»Du meinst doch nicht dieses viel zu enge Modell aus Italien?« rief ich.

»Doch, genau das!«

Ich hing bereits am Telephon. »Guten Abend, Herr Bäcker«, sagte ich. »Wie gut, daß Sie noch da sind. Bitte lachen Sie jetzt nicht, aber Sie und mein Mann haben doch heute über die Sendung von Loriot gesprochen. Erinnern Sie sich?«

»Na und ob. Es war irrsinnig komisch.«

»Ja eben. Fand ich auch. Es ist nun leider so, daß die Brieftasche meines Mannes weg ist und vermutlich in dem weinroten italienischen Jackett Größe 52 steckt.«

Ein kurzes Aufstöhnen, dann Schweigen in der Leitung. Langes Schweigen. Schließlich Herrn Bäckers atemlose Stimme. »Ich hab sie. Es war ein furchtbarer Schock für den Kunden. Er hatte das Jackett gleich angelassen, und er war schon auf der Straße. Ich hab ihn von hinten gepackt. Ich fürchte, er kommt nie wieder.«
Ich sagte Herrn Bäcker, daß mir das sehr leid täte.
Eine halbe Stunde später trafen sich Jonathan und Herr Bäcker an der verabredeten Straßenkreuzung im Münchner Süden, Jonathan bekam seine Brieftasche zurück, und die Herren bemerkten bei der Gelegenheit, daß sie nur ein paar Querstraßen voneinander entfernt in ähnlich gemütlichen, aber nicht mehr ganz neuen Häusern wohnten. So etwas verbindet. Wir betrachten uns innerlich inzwischen als mit Herrn Bäcker befreundet.
Nur deshalb habe ich ihn auch gebeten, uns in dieser ausweglosen Notsituation zu helfen.
Jonathan und ich waren zu einem großen Geburtstagsfest im Park meines Verlegers an der Isar eingeladen. Drei Tage zuvor fiel mir auf, daß auf der Einladung um »ländlich-festliche Kleidung« gebeten wurde. Nun haben Jonathan und ich es als Bayern immer überflüssig gefunden, Tracht zu tragen, wie das vor allem Preußen und andere Zugereiste leidenschaftlich gern tun. Mit anderen

Worten, ich besaß kein herziges Tegernseer Dirndl und Jonathan keinen Trachtenjanker mit rosa Seidenfutter und silbernen Knöpfen. Wir besaßen überhaupt nichts, was auch nur annähernd als ländlich festlich gelten konnte.
Ich versuchte mich schließlich mit Hilfe eines indischen Rocks, einer griechischen Bluse und einer Samtweste aus der Faschingskiste meiner Mutter ländlich festlich zu gestalten. Für Jonathan fiel mir nur eine Lösung ein: Herr Bäcker.
Ich rief ihn an, er verstand die Situation sofort. Klar führe er diese modisch-zerknitterten, schilffarbenen Janker mit Leder- oder Lodenbesatz, Silber- oder Hirschhornknöpfen. Es gebe sie rosa, lila oder königsblau gefüttert, in Blazerform, mit Quetschfalte oder auf Taille. Für Jonathan würde er die Quetschfalte im Rücken oder die lockere Blazerform vorschlagen. Ja, er nehme heute abend ein paar Modelle mit nach Hause, sein Sohn fahre sie uns schnell mit dem Moped vorbei.
Ich dankte ihm überschwenglich.
Abends schlüpfte Jonathan angewidert in all die bayerisch durchgestylten Jacken und Blazer. Schließlich entschied er sich für einen schwarzen Lederjanker mit aufgestickter Gemse, rot gefütterten Taschen und anderen Scheußlichkeiten. Er stand ihm überraschend gut. Das war am Freitag.

Am Samstag packte ich die restlichen Jacken wieder in die Tüte, legte einen Scheck über den Betrag, den ich dem Schildchen am Kragen entnommen hatte, dazu und gab die Tüte bei Herrn Bäkkers Putzfrau ab. Wie schön ist es, dachte ich, wenn ein Problem gelöst ist.

Abends hatte Jonathan Besuch von einem Kollegen aus Frankfurt. Der trug – wie könnte es anders sein – einen bayerischen Trachtenjanker aus zerknittertem schilfgrünen Leinen und erzählte, daß solche Jacken in Frankfurt wahnsinnig »in« seien. Ich war froh, als er endlich ging.

Am Sonntag nachmittag klingelte das Telephon. Herr Bäcker bedankte sich mit belegter Stimme für den Scheck und die Rückgabe der Jacken. Es gebe da nur eine Kleinigkeit zu erwähnen, die ihm sehr peinlich sei. Er habe uns sechs Jacken geschickt, es müßten demnach fünf in der Tüte sein, es seien aber nur vier. Das teure, schilfgrüne Modell im Knitterlook, Übergröße XL, fehle.

Ich drückte mein Bedauern aus und sagte, die Jacke hänge bestimmt in der Garderobe, wo ich auch die anderen Jacken über Nacht auf Bügel gehängt hätte, damit sie nicht zerknittern. Herr Bäkker fand es sehr komisch, daß ich Jacken im Knitterlook über Nacht auf Bügel hängte, damit sie nicht knittern. Ich fand es auch komisch und versprach ihm, die fehlende Jacke gleich am Montag früh zu bringen.

Ich legte den Hörer auf und sah in der Garderobe nach. Da hing in der Tat etwas Schilfgrünes, Zerknittertes, aber es war nicht Herrn Bäckers teures Modell, sondern das kleine, abgewetzte Jäckchen unseres Gastes aus Frankfurt.

Jonathan fand es nicht fair, daß ich mich so aufregte. Er rief die Auskunft an, wählte verschiedene Frankfurter Nummern an, rief nochmals die Auskunft an. Ohne Erfolg.

Ich sagte, ich würde mich nie, nie wieder darum kümmern, was er anzieht. Er antwortete, das könne ich nicht ernst meinen. Ich wisse doch, daß er keinen Farbensinn habe. Ich sagte, er hätte neulich sehr wohl bemerkt, daß seiner Sekretärin Rot besonders gut steht. Er sagte, bei Frauen könne er Farben erkennen. Ich sagte, sogar meine Zugehfrau fände es lächerlich, daß ich ihm jeden Tag alle seine Kleider auf der kleinen weißen Couch im Schlafzimmer zurechtlege. Sie sei neulich zu Tode erschrocken, als ich für meine Reportage in Frankreich wegfuhr und im Schlafzimmer elfmal die äußere Hülle meines Mannes lag, von den Socken bis zur Krawatte, von den Hosen über Hemd und Pullover bis zum Jackett farblich abgestimmt. »Ich habe es satt, meinen Mann täglich modisch neu zu entwerfen«, zischte ich.

»Du entwirfst deinen Mann seit Jahren nur noch jeden zweiten Tag«, zischte er zurück. »Aber wenn es dir lieber ist, daß ich meine Klamotten selber zusammensuche, bitte sehr! Nur, fürchte ich, du wirst es bitter bereuen.«

»Bisher bereue ich bloß, daß ich dir diesen albernen bayerischen Janker für das Fest besorgt habe.«

»Das Fest! Wir haben das Fest ganz vergessen!« rief Jonathan. »Weißt du was? Der Kollege aus Frankfurt ist sicher auch eingeladen. Drum ist er zu Hause nicht zu erreichen. Nimm auf jeden Fall sein Jackett mit. Und zieh dich rasch um. Wir haben nicht mehr viel Zeit.« Dann sagte er noch: »Übrigens, welche Krawatte und welches Hemd soll ich anziehen? Du hast mir noch gar nichts rausgelegt.«

Am Isarufer stauten sich die Autos in langen Schlangen. Auf der Wiese, die als Parkplatz diente, wimmelte es von ländlich-festlich gekleideten Menschen. Alle männlichen Gäste hatten Trachtenjanker im Knitterlook an, viele sahen sehr neu aus.

Ein bekannter Krebsarzt trug das gleiche Modell wie Jonathan, nur in Weiß. Plötzlich stürzte ein kleiner Mann in einem riesengroßen schilffarbenen bayerischen Janker auf uns zu. Er sah aus wie Loriot in dem Sketch vom Anzugkauf, nur noch komischer, weil ihm die Jacke fast bis zu den Knien ging. Es war der Kollege aus Frankfurt.

»Gott sei Dank, daß Sie endlich da sind«, rief er. »Ich stehe seit einer halben Stunde unauffällig

unter der Weide neben dem Parkwächter. So, wie ich aussehe, kann ich mich ja nicht unter die Leute wagen. Haben Sie zufällig mein Jackett dabei? Ich muß es gestern in Ihrer Garderobe verwechselt haben.«
»Augenblick, ich hole es«, sagte Jonathan.
»Nun schütteln Sie sich erst einmal die Blätter und Weidenkätzchen aus den Haaren«, schlug ich vor und half ihm aus dem riesengroßen schilfgrünen Leinenjanker im Knitterlook.
»Blöde bayerische Jacken. Sehen alle gleich aus«, murmelte er.
»Nur für Preußen«, erwiderte ich. »Bayern können sie auseinanderhalten. Einem richtigen Bayern geht nichts über seinen Trachtenjanker.«
Als ich Herrn Bäcker am Montag die Tüte mit der schilfgrünen Jacke übergab, sagte er, er könne Jonathan gern regelmäßig eine Auswahl der neuen Kollektion nach Hause schicken. Wo wir uns doch inzwischen so gut kennen und auch menschlich nähergekommen seien. Das sei vielleicht unkomplizierter für alle Beteiligten.
Ich lehnte ab. Wirklich, ich möchte unsere Besuche bei Herrn Bäcker nicht missen.

Jonathan möchte ein ruhiges Hotelzimmer

Jonathan glaubt an ruhige Hotelzimmer. Er behauptet, wir hätten vor vielen Jahren mal eines gehabt. Ich kann mich nicht daran erinnern. Es muß sehr lange her sein. Trotzdem beharrt Jonathan eigensinnig darauf, daß es sie gibt.
Ich befürchte aber, Jonathan und ich sind die einzigen Menschen, die auch im Urlaub das Bedürfnis haben zu schlafen. Und zwar möglichst nachts. So von zwölf Uhr bis acht Uhr oder neun Uhr früh, es darf auch schon mal von elf Uhr an sein.
Neulich trafen wir auf einer Party den reizenden, grauhaarigen Schriftsteller, mit dem wir am Wochenende manchmal durchs bayerische Oberland radeln. Es ist immer sehr beschaulich, wenn er die Route aussucht, und sehr anstrengend, wenn wir Jonathans Pfaden folgen, weil sie entweder in einem Hochmoor, auf einer Kuhweide oder in einem Bachbett enden. Meist folgen wir Jonathan.
Unser Schriftstellerfreund war gerade aus dem Urlaub gekommen und sah sehr erholt aus. Das wunderte mich, denn Jonathan und ich kehren vom Urlaub zwar auch braungebrannt, aber mit tiefen Ringen unter den Augen zurück.

»Er habe vor allem viel und lange geschlafen«, ließ uns der Schriftsteller wissen.
»Und wie haben Sie das gemacht?« erkundigte ich mich interessiert.
»Ganz einfach«, erklärte unser Freund, »bevor ich ein Hotel oder eine Pension beziehe, frage ich an der Rezeption: Ist das Zimmer auch ruhig? – La camera è tranquilla? – Est-ce que la chambre est vraiment tranquille?«
Merkwürdig – das fragen Jonathan und ich auch immer. Ich kann das inzwischen in mehreren Weltsprachen fließend. Auf türkisch zum Beispiel heißt es: »Oda gerçekten sakin mi?«
Die Reaktion des Portiers, des netten, dicken Wirts oder der Mama der Pension ist immer die gleiche. Heftiges Nicken: »Natürlich, das Zimmer ist ganz leise. – Molto tranquilla. – Vraiment très, très tranquille. – Evet, çok sakin.«
Ich weiß nicht, wie es danach bei unserem Freund, dem Schriftsteller, weitergeht – bei uns so: Wir packen die Koffer aus und genießen vom Balkon ein bißchen die herrliche Aussicht. Dann verlassen wir das Zimmer, um essen zu gehen, im Meer zu schwimmen oder in einer Taverne den einheimischen Wein zu probieren. Wir kommen angenehm ermattet zurück, plumpsen ins Bett, versuchen noch ein bißchen zu lesen und machen nach einer Weile das Licht aus, weil die Birne zum Lesen sowieso viel zu schwach ist. Tja

– und von da an gibt es zahllose überraschende Möglichkeiten, trotz bleierner Müdigkeit kein Auge zuzutun.

Jonathan und ich haben sie neulich mal zusammengezählt – nicht besonders gründlich, nur so obenhin – und kamen auf 23 Möglichkeiten, im Urlaub nicht zu schlafen.

Meine Freundin Tamara behauptet, sie komme auf 28. Aber jeder weiß, daß Tamara übertreibt. Sie hat sicher so naheliegende Möglichkeiten wie Parkplatz, Ping-Pong-Platte und Betonmischmaschine unterm Zimmerfenster mitgezählt. Solche Banalitäten würden Jonathan und ich gar nicht erwähnen. Damit rechnet man als geübter Tourist doch von vornherein.

Nein, Jonathan und ich haben nur wirklich originelle Möglichkeiten schlafloser Urlaubsnächte in unsere Liste aufgenommen.

Zum Beispiel die Nacht in der romantischen Herberge in den Pyrenäen, wo die Wirtin ein köstliches Kaninchengulasch brutzelte und der Wein schwer und samtig über die Zunge und von dort unmittelbar ins Gehirn rollte.

Da war es wirklich so leise, daß man das Knarzen der uralten Messingbetten schon fast wie eine Geröllawine empfand. Sie knarzten, wenn man atmete, sie knarzten, wenn man den großen Zeh bewegte, sie knarzten rostig, scharf, mißtönend und ächzend.

Nachdem ich zwei Stunden bewegungslos ausgeharrt hatte, um Jonathan, der sich grauenhaft umherwälzte, nicht im Schlaf zu stören, stöhnte er: »Bitte, kannst du dich nicht einmal fünf Minuten ruhig halten, damit dieses entsetzliche Knarzen aufhört. Ich rühre mich ja schließlich auch nicht.«

Außer dem Knarzen unserer Betten konnte man wirklich überhaupt nichts hören. Wenn man von der Kirchturmuhr absieht. Die schlug jede Viertelstunde mit vollem runden Klang, der lange an unseren Zimmerwänden nachhallte. Dazwischen war es, wie gesagt, fast unheimlich still.

Fast so still wie vor vielen Jahren in einer kleinen Pension an der Riviera. Leider fuhr dort mehrmals pro Nacht die Eisenbahn durchs Zimmer. Jedenfalls klang es so, weil der Tunnel, aus dem sich der Zug quälte, unmittelbar vor der östlichen Hauswand endete. Daß die Waggons dennoch nicht quer durchs Haus, sondern in einem Abstand von mindestens 65 Zentimetern daran vorbeirasten, kann man nur als eine technische Meisterleistung des französischen Transportwesens bezeichnen. Übrigens waren die Gleisanlagen sehr hübsch von blühenden Bougainvillea-Sträuchern verdeckt. Aber das – finde ich – kann man an der Riviera auch erwarten. Natürlich hatten wir die Pensionsinhaberin gefragt, ob unser Zimmer auch ruhig sei. »Oui, oui très tranquille«, schrie sie, obgleich wir ihr gegenüberstanden. Sie trug ein Hörgerät. Das – meinte Jonathan später – hätte uns stutzig machen sollen.

Nichts hingegen stimmte uns in dem eleganten Hotel in Sizilien mit den wunderschönen Marmorfußböden mißtrauisch. Ich war schon fast weggedämmert, als die Dame, die über uns wohnte, mit ihren hochhackigen Holzpantoletten auf unseren Häuptern hin- und herzuwandern begann. Mal schnell, mal langsam. Mal zum Schrank, mal zum Balkon. Mal zehn Minuten gar nicht, dafür dann wieder um so intensiver. Sie wanderte Stunde um Stunde, Nacht für Nacht. Sie muß an chronischer Schlaflosigkeit gelitten haben, die Arme. Die Zimmermädchen, die ab sechs Uhr früh durch die Gänge klapperten, trugen im übrigen auch Holzpantinen. Logisch – bei der Hitze. Die sei – erklärte mir Jonathan – schließlich auch der Grund für die Marmorfußböden.

Aber lassen wir das. Vergessen wir das Hotelzimmer in Budapest, neben dem der denkmalgeschützte Jugendstilaufzug die ganze Nacht auf- und abrumpelte, und auch jenes in der Provence, in dem ein Hauptrohr sämtliche Klospülungen des Hauses unter unseren Betten vereinigte. Alle zehn Minuten umklammerten Jonathan und ich uns heftig, weil wir das Gefühl hatten, von einem tosenden Wildbach in den Abgrund gerissen zu werden. Wir wechselten damals übrigens das

Zimmer und lagen von da an Seite an Seite mit einem Ehepaar, das sich während der ersten Hälfte der Nacht die fürchterlichsten Gemeinheiten an den Kopf warf, um sich dann bis zu den frühen Morgenstunden zu versöhnen. Mein Gebrauchsfranzösisch hat sich dadurch sehr verbessert. Jonathan grübelt noch heute darüber nach, wie sich an so dünnen Zwischenwänden Tapeten halten konnten.

Jahrelang dachten Jonathan und ich, daß Zimmer »nach hinten« ruhiger sind als Zimmer »nach vorn«. Ein weitverbreiteter Irrtum. Heute wissen wir natürlich, daß unter »Zimmern nach vorn« bis zwei Uhr früh Lachsalven angeheiterter Gäste ertönen, oder – wie uns in Wien geschehen – die unermüdliche Singstimme eines Herrn, der behauptete, in seinem früheren Leben eine Reblaus gewesen zu sein. Unterm Fenster nach hinten hantiert dafür das Personal bis tief in die Nacht und vom Morgengrauen an lieblos mit scheppernden Geschirrbergen.

In Madrid ließ ich mich von Jonathan einmal zu einem Zimmer überreden, dessen Fenster auf einen Lichtschacht wies. Dort war – was wir nicht erwartet hatten – auch der Speisenaufzug installiert. Über eine praktische Lautsprecheranlage orderten die Kellner des Restaurants ohne Unterbrechung rund um die Uhr: »Dos café, un vino tinto, dos café…«

Damals dachten wir fast liebevoll an den Tiroler Dorfgockel zurück, der täglich von halb vier Uhr früh an unseren Morgenschlaf in kleine, gleich lange Stücke zerkräht hatte.

Meine Freundin Tamara erkundigte sich gestern, ob wir die Schreie einsamer Esel auf griechischen Inseln kennen? Welche Frage! Selbstverständlich kennen wir die. Einer war einmal direkt neben unserer Terrassentür angebunden. Als mich Jonathan im Morgengrauen hohläugig und mit einem Messer in der Hand neben seinem Bett entdeckte, erschrak er fürchterlich. Dabei wollte ich den Esel ja nicht ermorden, sondern nur seinen Strick durchschneiden.

Aber von all diesen schlaflosen Urlaubsnächten wollte ich eigentlich nicht erzählen, sondern von jenem Albergo in einem oberitalienischen Städtchen, das wir an einem späten Abend bei Vollmond erreichten. Wir ahnten nicht, daß das baumbestandene Rondell rund um die beschauliche Piazza, in deren Mitte das Hotel stand, von der Jugend des Städtchens als Rallyebahn für ihre Mofas und Motorräder benutzt wurde. Ich werde nie vergessen, welche Töne italienische Motorräder hervorbringen können, deren Auspuff abgesägt ist, deren Besitzer sportlich im zweiten Gang starten und in jeder Kurve Gas geben, immer im Kreis herum in einer lauen italienischen Sommernacht.

Im Vergleich dazu war das kleine Stadthotel in der Straße der Antiquitätenhändler und Tischler in Rom, das uns Freunde empfohlen hatten, eine idyllische Bleibe. Wenn man das Fenster schloß, drohte man vor Hitze zu ersticken. Deshalb hatten auch alle anderen Bewohner der Straße ihre Fenster weit geöffnet. Und jeder hörte ein anderes Fernseh- oder Radioprogramm. Die Echowirkung in einer so schmalen, malerischen römischen Straße ist phantastisch. Jonathan konnte nicht fassen, daß es die Geschäftsleute der Straße schafften, ihre Rolläden bereits wieder in aller Früh hochzuziehen und ihr Tagwerk mit munterem Hämmern zu beginnen.
Ich erinnerte ihn damals an die Nacht am Gardasee, als vor unserem Hotel ab drei Uhr morgens ein Geschirrmarkt aufgebaut wurde. Das fand er überflüssig.
Voriges Jahr in der Türkei hätten Jonathan und ich es fast geschafft, im Urlaub zu schlafen. Wir hatten uns ein ganz besonders romantisches, einsam in einer Bucht gelegenes, ruhiges Hotel ausgewählt. Zugegeben, wir kamen ziemlich erschöpft dort an, weil uns während der vorausgegangenen Studienfahrt jede Nacht stundenlanges dumpfes Trommeln aus dem Schlaf gerissen hatte. Es war Ramadan, und die Trommler erinnerten die Gläubigen daran, daß sie vor Sonnenaufgang noch schnell eine ordentliche Mahlzeit

zu sich nehmen sollten, um anschließend besser fasten zu können.

Jetzt standen wir übermüdet, aber glücklich auf dem Balkon unseres einsamen Strandhotels. Hinter uns Berge, vor uns das Meer, links von uns ein blumenüberwucherter Pavillon, rechts von uns ein blumenüberwucherter Pavillon. »Hier werden wir wunderbar friedlich schlafen«, stellte Jonathan fest und sog die Ruhe um uns förmlich in sich ein.

»Was wohl in diesen hübschen Pavillons drin ist?« fragte ich ihn.

Ein paar Stunden später wußten wir es. In dem linken offenen Pavillon befand sich eine Discoanlage, in dem rechten ein Fernsehapparat.

Inzwischen hatte die letzte Woche des Ramadan begonnen. Das bedeutete: Im linken Pavillon feierten selige türkische Gäste jede Nacht bei ohrenbetäubender Disco-Musik das herannahende Ende der Fastenzeit, im rechten übertrug das Fernsehen aus demselben Grund stundenlang den eintönigen Gesang der Mullahs aus den großen Moscheen der Städte.

Über unseren Betten vereinten sich die Töne des Morgen- und Abendlandes zu einem wände-, fenster- und oropaxdurchdringenden Klangchaos. Ab ein Uhr früh übertrug das türkische Fernsehen dann noch ein bis zwei Spiele der gerade laufenden Fußballweltmeisterschaft unter der begeisterten Anteilnahme des gesamten Hotelpersonals.

Irgendwann am zweiten oder dritten Tag richtete sich Jonathan gegen zwei Uhr früh im Bett auf und sagte nachdrücklich: »Ich halte das nicht mehr aus. Ich gehe jetzt hinunter und drehe diesen Fernseher leiser.«

»Ich liebe dich«, sagte ich. Das hatte ich schon lange nicht mehr gesagt.

Jonathan warf sich einen Bademantel um und verschwand. Er kehrte erst gegen vier Uhr früh zurück. In der Zwischenzeit hörte ich ihn häufig heiser »Toooooor« brüllen. Manchmal auch »Foul« oder »Ecke« und auch Ausdrücke, von denen ich nur inständig hoffen kann, daß die einheimischen Fußballanhänger sie nicht verstanden.

Das Ende des Ramadan und die Fußballweltmeisterschaft zogen sich die ganze Woche hin. Anschließend, ließ ich mir berichten, war das Hotel geradezu beängstigend ruhig.

Jonathan findet es übrigens unfair, daß ich unabwendbare kalendarische Ereignisse wie religiös bedingte Fastenzeiten oder Fußball-Weltmeisterschaften für unsere schlaflosen Urlaubsnächte verantwortlich mache. Dafür gebe es – meint er – genügend andere Beispiele. Außerdem werde er nächstes Jahr im Urlaub ein wirklich ruhiges Hotelzimmer finden. Er glaubt ganz fest daran.

Jonathan leidet an Grippe

Jonathan hat sechs- bis siebenmal im Jahr Sommergrippe. Auch im Winter. Und meistens am Wochenende.
Es ist Sonntag. Ich eile glänzend gelaunt die Treppe hinunter, denn am Sonntag macht Jonathan das Frühstück. Der Duft nach frischem Toast liegt in der Luft. Ich reiße die Eßzimmertür auf, trompete »Guten Morgen«, werfe einen erwartungsvollen Blick in Richtung Kaffeetisch und sehe: Jonathan sitzt nicht dran. Ich wende mich suchend zu der kleinen weißen Couch neben dem Bücherregal. Jonathan lehnt mit Grabesmiene in den Kissen, schaut mir vorwurfsvoll über den Rand seiner Brille entgegen und fragt: »Hast du gut geschlafen?«
»Wunderbar«, erwidere ich in bereits leicht gedämpftem Tonfall. »Und du?«
»Ich habe die ganze Nacht kein Auge zugetan«, teilt mir Jonathan mit gramzerfurchter Stirn mit. »Ich fühle mich total erschöpft und geschwächt. Die Eier, der Schinken und die Honigsemmel haben mir überhaupt nicht geschmeckt. Ich glaube, ich habe eine verschleppte Sommergrippe.«

»Du Armer«, sage ich mitleidsvoll. »Läuft deine Nase? Glaubst du, du kriegst einen Schnupfen?«
»Nein, die Nase ist in Ordnung«, erklärt Jonathan matt. Er habe nur eine Art Schüttelfrost verspürt, als er aus dem warmen Bett gestiegen sei und ohne Morgenmantel vom Balkon aus die Wetterlage überprüft habe.
»Und Halsweh? Hast du Schmerzen beim Schlucken?«
Jonathan räuspert sich, lauscht in sich hinein, räuspert sich nochmals. »Nein, richtiges Halsweh ist es wohl nicht, obwohl mir scheint, daß meine Stimme beim Sprechen ein bißchen rauh klingt.«
»Da irrst du dich«, beruhige ich ihn. »Deine Stimme hat nun einmal dieses männliche, tiefe Timbre. Aber vielleicht hast du nachts gehustet?«
Nein, habe er mit Sicherheit nicht. Das wäre ihm aufgefallen, wo er sich doch praktisch die ganze Nacht lang schlaflos im Bett herumgewälzt habe. Er tippe eher auf Fieber oder zumindest stark erhöhte Temperatur.
Ich lege meine Hand auf Jonathans von grauweißen Haarstoppeln umwucherte Stirn. Sie fühlt sich angenehm kühl an.
Trotzdem hat Jonathan – daran besteht kein Zweifel – Sommergrippe. Eine von der leichten Art zwar, aber gerade deshalb besonders heim-

tückisch. Dummerweise wollten gerade heute meine Mutter und Onkel Albert zum Mittagessen kommen. Das geht natürlich auf keinen Fall, wenn sich Jonathan krank fühlt. Er hält diese verwandtschaftliche Konstellation ja kaum in gesundem Zustand aus.
Ich sage die Einladung ab. »Jonathan hat eine Sommergrippe.«
»Jetzt, Ende November?« röhrt Onkel Albert ungläubig ins Telephon.
Ich erkläre, daß Ende November bei Jonathan eine ganz typische Zeit für eine verschleppte Sommergrippe ist.
Nachmittags wollten wir ins Kino gehen. »Das lassen wir lieber«, sage ich zu Jonathan.
»Müssen wir wohl«, seufzt er. »Es tut mir wirklich leid für dich. Mich interessiert der Film ja sowieso nicht besonders. Wenn ihn Ponkie von der ›Abendzeitung‹ gut findet, dann ist es mehr ein Film für dich. Möchtest du vielleicht alleine hingehen?«
»Auf keinen Fall«, protestiere ich. »Wenn mein Mann Sommergrippe hat, gehe ich doch nicht ins Kino.«
Jonathan ist gerührt.
Jonathan wird jetzt verwöhnt. Michi holt die Sonntagszeitungen von der Tankstelle, Christian ein kühles, aber nicht zu kühles Bier aus dem Keller, ich Jonathans Buch aus dem Schlafzimmer im

ersten Stock, Christian die warmen Winterhausschuhe aus dem Regal im Keller, ich vorsichtshalber den leichten Cashmereschal aus der Kommode im ersten Stock, Michi die Wolldecke aus dem Gästezimmer im Keller, ich diese wunderbaren Antigrippetropfen auf Pflanzenbasis aus der Apotheke. Die hat leider zu, weil es Sonntag ist. Im nächsten Stadtviertel gibt es eine geöffnete Apotheke mit Notdienst.

Ein Kranker fühlt sich ziemlich deprimiert, wenn er so lange allein gelassen wird, findet Jonathan, als ich mit den Tropfen zur Tür hereinstürze.

Hoffentlich kriegt Jonathan nicht auch noch Kopfschmerzen.

»Spürst du schon was?«

»Nein, noch nicht, aber du weißt ja, wenn ich meine Sommergrippe habe, können sie ganz plötzlich auftreten.«

Da liest Jonathan vorher lieber noch schnell die Fußballberichte. Er stöhnt während des Lesens ab und zu leise, blättert um, stöhnt wieder ein bißchen und vergißt dann zu stöhnen und die Hand prüfend auf den Hinterkopf zu pressen, weil es so unglaublich spannend ist, aus der Zeitung zu erfahren, was wir gestern alle am Bildschirm gesehen haben, nämlich, daß der FC Bayern 2 zu 0 gegen Werder Bremen gewonnen hat. Da wird sich Trainer Rehhagel grämen.

Ich bereite inzwischen das für die Gäste geplante

Mittagessen in leicht vereinfachter Form vor, weil es den Söhnen erfahrungsgemäß mehr auf die Menge als auf die lukullische Vielfalt ankommt und Jonathan Sommergrippe und deshalb keinen Appetit hat.
Ob er sich nicht ein wenig hinlegen wolle, frage ich besorgt zwischen Kartoffeldampf und leise vor sich hinschmurgelnder Bratensoße aus der Küche.
»Nein, nein«, winkt Jonathan mit matter Geste ab. »Ich leiste euch beim Essen Gesellschaft.«
Wir sagen alle drei, das sei wirklich nicht nötig. Aber er will uns doch nicht das gemütliche Essen verderben, nur weil er sich so geschwächt fühlt.
Also sitzt Jonathan zusammengesunken und hohläugig an seinem Stammplatz und nimmt symbolisch ein bißchen vom Fleisch und der Soße und eine winzige Kartoffel – und ob er wohl Salat verträgt? Ein wenig kann nicht schaden. Vitamine sind bei Grippe immer gut. Dann greift er nochmals zum Braten und zu den Kartoffeln. Nein, richtigen Appetit hat er nicht, er muß nur darauf achten, daß er nicht noch schwächer wird. Um die letzte Scheibe Braten ringen Michi und Jonathan, indem sie gleichzeitig mit ihren Gabeln hineinstoßen. Sie einigen sich schließlich darauf, sie zu teilen.
Christian sagt: »Hoffentlich wird dir nicht schlecht, Papa.«

Jonathan sagt: »Es wäre kein Wunder. Eine verschleppte Sommergrippe schlägt sich häufig auf den Magen.«
Ich werfe Christian einen warnenden Blick zu und sage: »Ich glaube, es ist am besten, Jonathan legt sich jetzt ins Bett.«
»Gute Idee«, findet Jonathan und steht schwerfällig vom Tisch auf. »Den Nachtisch könnt ihr mir ja für später aufheben.«
Ich erkundige mich, ob er gestützt werden möchte.
»Nein, irgendwie wird's schon gehen«, murmelt er, klammert sich ans Treppengeländer und steigt seufzend Stufe für Stufe hinauf.
Ich fühle mich ein wenig schuldbewußt.
Oben ruft er: »Könnte mir vielleicht jemand mein Buch bringen, und ich glaube, eine Tasse Pfefferminztee täte mir gut.«
Ich fühle mich überhaupt nicht mehr schuldbewußt.
Gegen drei Uhr – ich bin gerade mit der Küche fertig und habe mich zu einer Tasse Kaffee niedergesetzt – hört man schwere Schritte auf der Treppe. Michi schaut von seinem Buch auf und stellt trocken fest: »Der Papa fadisiert sich«, was soviel heißt wie: Dem Papa ist es fad, oder auf hochdeutsch: Der Papa langweilt sich.
Jonathan taucht in der Tür auf. Es gehe ihm ein kleines bißchen besser, teilt er mit. Und nachdem

wir keine Gäste hätten und auch nicht ins Kino gegangen seien, habe er beschlossen, ein paar längst fällige Arbeiten in Haus und Garten zu erledigen.

»Oh, nein«, seufzt Michi halblaut und versucht unauffällig durch die hintere Wohnzimmertür zu verschwinden.

»Ich hab ganz vergessen, daß ich noch Latein machen muß«, fällt Christian ein.

»Die Hauptsache ist, ihr seid in der Nähe. Es könnte sein, daß ich Hilfe brauche«, ruft Jonathan den beiden nach.

»Muß es denn am Sonntag sein?« frage ich sanft. »Noch dazu, wenn du Grippe hast und dich schon den ganzen Tag hindurch geschwächt fühlst?«

»Wann sollen diese Dinge denn sonst geschehen?« erwidert Jonathan.

»Welche Dinge?«

»Na, etwa die Dachrinne von alten Blättern reinigen, das Gartentor von innen streichen, den Ast absägen, den der Sturm neulich angeknickt hat – eben alle diese Dinge, die erledigt werden müssen, um dieses Haus und diesen Garten in Ordnung zu halten.«

Ich sage – und mein Tonfall klingt womöglich eine Spur schärfer, als er es einem Kranken gegenüber sein sollte: »Wenn ich mich recht erinnere, habe in den letzten zwanzig Jahren vorwiegend ich dieses Haus und diesen Garten in Ordnung gehalten. Ich weiß nicht, wieviel Säcke Laub ich auch in diesem Herbst wieder zusammengekehrt und weggefahren habe, wie viele Tulpenzwiebeln ich aus- und wieder eingebuddelt habe. Die vergammelten Bastmatten am hinteren Zaun hab ich ersetzt und die verfaulten Äpfel und Zwetschgen vom Nachbarn aus dem Rosenbeet geklaubt, ganz zu schweigen davon, daß ich kübelweise guten, schwarzen Humus produziert habe, weil ich mich als einzige um den blöden Komposthaufen kümmere und ihn umsteche und durchlüfte, bis ich mich vor Rückenschmerzen kaum noch an der Schreibmaschine aufrecht halten kann.« Ich fühle mich großartig und komme immer mehr in Fahrt. Ich muß nur mal schnell durchatmen.

»Und wer hält die Schächte von den Kellerfenstern sauber?« fahre ich fort. »Wer besticht die Tonnenmänner, daß sie die alten Gartenmöbel und die zerfetzte Markise mitnehmen? Und wer räumt dauernd das Chaos in der Garage auf und wirft die uralten, verrosteten leeren Farbtöpfe und unbrauchbaren Eisentrümmer und Schrauben weg?«

»Jeder weiß, daß du das bist«, sagt Jonathan ein wenig erschrocken. »Deswegen findet man auch nie etwas in der Garage.«

»Es ist unfair, daß du plötzlich die paar Blätter

in der Dachrinne und den dämlichen Ast, der noch ganz fest sitzt und den sowieso keiner sieht, erwähnst. Noch dazu, wo du Sommergrippe hast.«

Ich muß plötzlich ein bißchen schlucken und mein Taschentuch suchen und tue mir sehr leid.

»Nimm dir meine Grippe doch nicht so zu Herzen«, sagt Jonathan tröstend. »Es geht mir ja schon wieder besser. Im übrigen weiß ich doch, daß du eine Menge machst, aber es bleibt eben immer noch genug zu tun. Ich schlage vor, du ruhst dich jetzt gemütlich auf der Couch aus und läßt mich tun, was getan werden muß.«

Er geht hoch aufgerichtet und entschlossen – ganz Held der Prärie – in den Garten.

Fünf Minuten später höre ich Jonathan rufen: »Wo sind die Gummistiefel?«

Ich brülle: »Rechts hinter der Garagentür.«

Kurze Pause.

»Ich kann sie nicht finden.«

Ich brülle: »Ich komme.«

Die Stiefel stehen rechts hinter der Garagentür. Ich helfe Jonathan beim Hineinschlüpfen. Dann hole ich ihm einen Anorak und eine Mütze, dann eile ich die Treppe hinauf und sage Michi und Christian, daß Jonathan jemanden braucht, der ihm hilft, die Leiter ans Dach zu lehnen, weil ihm ein wenig schwindlig ist.

Michi trottet herbei, lehnt die Leiter ans Dach,

will sich zurückziehen. Jonathan findet, jemand muß die Leiter festhalten, wenn er draufsteht. Während Michi die Leiter hält, reicht Christian Jonathan abwechselnd Schaufel und Eimer, ich kehre die schwarzen, fauligen Blätter, die Jonathan schwungvoll herunterkippt, vom Kiesweg.
Jonathan braucht jetzt eine Säge. Christian holt sie aus der Garage. Michi zieht den Ast herunter, daß Jonathan ihn bequem erreicht. Nach zwei Minuten hat ihn Jonathan abgesägt und zur Tonne geschleift. Christian und ich brauchen das Ungetüm nur noch ein wenig kleinzumachen – vielleicht mit dem Fuchsschwanz oder einfach, indem wir die sperrigen Seitenzweige erst mal abbrechen. Das sticht gemein, aber irgendwo gibt es Handschuhe.
Jonathan macht die ungewohnte Arbeit richtig Spaß. Er sagt, Christian soll ihm in der Garage schwarze Ölfarbe suchen. Christian findet nur grüne Ölfarbe. Michi kriecht unter dem untersten Regal hervor und sagt, es gebe nur einen einzigen Pinsel und der sei steinhart. Jonathan glaubt, den müsse man nur fachmännisch auswaschen und drückt ihn mir vertrauensvoll zusammen mit einer Flasche Terpentin in die Hand. Leider ist der Wasserhahn im Garten wegen der drohenden Frostgefahr schon abgesperrt. Christian saust in den Keller, Michi findet nach mehreren Versuchen die passende Zange, Jonathan gibt durchs

Kellerfenster Anweisungen, wie man die entscheidende Schraube lockert, mir schießt ein Schwall Wasser in die Gummistiefel. Den Pinsel kriege ich nach einer Weile tatsächlich in der stinkenden, graugrünen Brühe, die den Eimer füllt, weich.
Jonathan findet es schade, daß mir dabei ein paar Spritzer auf den Plattenweg geraten sind. Christian breitet jetzt viele alte Zeitungen unterm Gartentor aus, Michi holt einen Hocker, Jonathan setzt sich drauf und streicht alles, was am Gartentor schwarz und ein wenig angerostet aussieht, grün an.
Ich überlege, wie lange unser Malermeister, Herr Wurrler, brauchen wird, um alles wieder schwarz zu überstreichen und zuvor fachmännisch zu entrosten. Es wird ziemlich teuer werden.
Michi und Christian bewundern eine Weile, wie schön Jonathan alles anstreicht, dann sagt Michi: »Weißt du noch, Papa, wie du einmal die Nordwand vom Haus ausgebessert hast, und am nächsten Tag war alles voller riesiger weißer Flecken, weil der Untergrund grau und auch keine Ölfarbe war?«
Ich sage zu Michi, ob er nicht Mathe üben müsse. Er muß.
Es ist inzwischen halb sechs Uhr und fast dunkel. Jonathan erhebt sich, stellt fest, wie gut es tut, einmal so richtig in Haus und Garten zu arbeiten und

wankt ins Wohnzimmer, wo er sich gleich hinlegen muß. Ich sammle Gummischuhe, Eimer, Farbe, Pinsel, Arbeitsmantel und alte Zeitungen ein und folge ihm.

Jonathan bekommt jetzt einen Tee mit Rum und greift hilflos zur Fernbedienung des Fernsehapparates. Er erreicht sie nicht, weil er sich dazu aus dem Sessel aufrichten und einen Schritt nach vorn machen müßte. Aber dazu ist er zu schwach. Er nimmt sie dankbar aus meiner Hand entgegen.

»Wirklich zu dumm, daß ich wieder mal meine Sommergrippe hatte«, seufzt er. »Andererseits ist so ein Sonntag, an dem mal gar nichts los ist, auch recht gemütlich. Findest du nicht?«

Als er keine zustimmende Antwort hört, blickt Jonathan irritiert vom Bildschirm auf und gleich wieder hin, weil Olaf Thon zu einem Freistoß anläuft. »Nein, das gibt's doch nicht«, brüllt Jonathan, springt vom Sessel auf und ringt die Hände, während Olaf Thon verzweifelt mit den Fäusten auf den Rasen hämmert.

»Also, was ich sagen wollte«, beginnt Jonathan aufs neue. »Nächsten Sonntag laden wir deine Mutter und Onkel Albert zum Essen ein und dann gehen wir in diesen Film, den die Ponkie so überschwenglich besprochen hat.«

»Für nächsten Sonntag haben wir Theaterkarten«, erinnere ich Jonathan. »Außerdem wollten wir mit Tamara und ihrem dicken Butzi spazierengehen.«

»Na und?« erwidert Jonathan. »Wenn deine Mutter und Onkel Albert um zwölf zum Essen kommen, dann erwischen wir leicht die Zweiuhrvorstellung im City und können ab halb fünf gemütlich mit Tamara und ihrem dicken Butzi an der Isar spazierengehen. In den Kammerspielen fangen sie ja immer erst um halb acht Uhr an.«

»Ist das nicht ein bißchen viel auf einmal?« seufze ich.

»Ach, weißt du, nach einem so ruhigen Sonntag wie diesem...«, sagt Jonathan, und dann ruft er glücklich: »Toooor!«

Jonathan macht ein Kompliment

Jonathan will sich beim Frühstück nicht unterhalten, sondern Zeitung lesen. Trotzdem sage ich: »Ich kann dieses Gespenst nicht mehr sehen. Ich will es loswerden.«
»Welches Gespenst?« fragt Jonathan zerstreut und läßt die Süddeutsche Zeitung auf seine Honigsemmel sinken.
»Na, das Gespenst in meinem Reisepaß. Ich erschrecke jedesmal, wenn es mich anglotzt.«
»Aber das Gespenst bist doch du«, sagt Jonathan verständnislos und versucht, den Sportteil der Süddeutschen von seiner Semmel zu lösen.
»Das Gespenst bin nicht ich«, erwidere ich trotzig. »Das ist ein hohlwangiges, schauerlich schielendes armes Geschöpf von graugrüner Gesichtsfarbe mit schmerzlich verzerrten Lippen und einer Höckernase.«
»Photos aus Photoautomaten sehen alle so aus«, erklärt Jonathan.
»Eben«, sage ich nachdrücklich. »Eben. Ich frage mich, wer diese Automaten erfunden hat, die einen optimistischen, frohgemuten Menschen von durchschnittlich angenehmem Aussehen inner-

halb von zwei Minuten in ein Horrorgeschöpf verwandeln. Ich jedenfalls werde mich von diesem Gespenst, das zwischen den Deckeln meines Reisepasses dahinvegetiert, befreien. Es soll nie mehr mein Selbstvertrauen erschüttern, meine Lebensfreude in sich zusammensinken lassen und mich in Wolken grauer Depression hüllen. Seit zehn Jahren erschreckt es mich an jeder Grenze, in jedem Hotel, bei jeder harmlosen Paßkontrolle. Zehn Jahre sind genug. Mein Reisepaß ist abgelaufen, und in meinem neuen Paß will ich ein vertrauenerweckendes, sympathisches Photo von mir haben, eines, das mir wenigstens entfernt ähnlich sieht und beim Betrachter nicht sofort Abscheu hervorruft.«
»In vier Wochen fliegen wir nach Amerika«, erinnert mich Jonathan über den Rand der Zeitung hinweg. »Erledige das am besten sofort, dann gerätst du nicht in Streß.«
Ich finde, Jonathan sagt manchmal sehr vernünftige, hilfreiche Dinge. Wie gut, daß vier Wochen eine lange Zeit sind.
Das Gespenst in meinem Reisepaß, von dem Jonathan behauptet, daß ich es sei, hat übrigens Familie. Einen Mann und zwei Söhne. Die leben zwar getrennt voneinander jeder für sich in einem eigenen Paß, aber sie gehören – die Unterschriften beweisen es – zusammen.
Der Mann des Gespenstes besitzt ein bleiches Ge-

sicht, von dem fahle Haarborsten abstehen. Kreisrunde, schwarze Schatten umlagern seine Augen, die, wenngleich halb geschlossen, dennoch einen stechenden Blick haben. Der Vorname des Gespenstermannes lautet – wenn man der Signatur trauen darf – Jonathan.
Über die Söhne der beiden Gespenster läßt sich wenig Erfreuliches sagen. Der jüngere Sohn hat sich zweifellos nie über die Stufe des Lallens hinaus entwickelt, obgleich er andererseits Ähnlichkeit mit einem kahlköpfigen Greis aufweist. Der ältere wird vermutlich als Krimineller enden.
Verblüffend ist die Wandlungsfähigkeit der Gespensterfamilie. So sieht der Kopf des Gespenstermannes namens Jonathan auf dem Siebentage-Skipaß vom vergangenen Winter plötzlich ganz klein und zerquetscht aus. Der jüngere Sohn trägt in seinem Personalausweis einen überdimensionalen Blähhals und schattenhafte Zahnlücken zur Schau, während der ältere dümmlich aus seinem waschmaschinenfesten Führerschein grinst.
Wer die Person in meinem Presseausweis ist, weiß ich nicht. Ich will sie auch nicht kennenlernen. Sie muß einem primitiven Urwaldstamm angehören und durch einen behördlichen Irrtum in meinen Ausweis geraten sein.
Am liebsten würde ich die gesamte Gespensterfamilie ein für allemal verschwinden lassen. Aber

Jonathan, Michi und Christian sind dagegen. Sie lachen nur und behaupten, sie hätten sich an ihre Automatenphotos gewöhnt. Männer sähen das nicht so eng.

Gott sei Dank sind es noch drei Wochen bis Amerika. Jonathan arbeitet konzentriert an einem Reiseplan, nach dem wir im Verlauf von sechzehn Tagen New York, Washington, San Francisco und New Orleans gründlich kennenlernen werden, dazu die berühmtesten Museen dieser Städte, die zehn wichtigsten Nationalparks, die Ostküste mit den Neuenglandstaaten und selbstverständlich den Highway Number One von San Diego bis Seattle. Ob wir Chicago und Miami noch schaffen, kann er nicht versprechen, aber er arbeitet daran.

Ich hätte es gut, sagt Jonathan. Ich müsse mich nur um meinen abgelaufenen Paß kümmern.

Und zwei Serienfolgen schreiben, denke ich, und zusehen, daß der Maler endlich kommt, und den Scherkopf von Jonathans Rasierapparat erneuern lassen und ein Geburtstagsgeschenk für Onkel Alberts Achtzigsten besorgen und den Koffer mit dem kaputten Sicherheitsschloß zur Reparatur bringen und Filme kaufen und für die Söhne ein paar Grundgerichte vorkochen und einfrieren. Aber das sind im Grunde alles Kleinigkeiten – Alltagsroutine sozusagen –, Jonathan sieht das ganz richtig. Hauptsache, ich kriege einen neuen

Reisepaß, und zwar einen, in dem kein Gespenst wohnt.

Ich überlege, welcher von den Photokollegen, mit denen ich ständig Reportagen produziere, rasch ein paar ordentliche Porträts von mir machen könnte. Keiner natürlich. Die sind alle furchtbar im Streß und müssen diese wunderschönen Photomodelle ablichten, von denen man sich beim besten Willen nicht vorstellen kann, wie sie aussähen, wenn man sie einem Photoautomaten auslieferte. Aber das ist ja nicht mein Problem.

Mein Problem ist, wie ich ein paar vernünftige Paßphotos von mir bekomme. Nur keine Hektik. Der Rasierapparat und der Koffer sind in der Reparatur, für Onkel Alberts Geschenk sause ich morgen schnell in die Stadt, der Maler will jetzt drei Tage vor unserer Abreise kommen – besser als gar nicht –, und die Serie schreibe ich seit gestern nachts – da ist es ruhiger.

Es sind ja immerhin noch zwei Wochen Zeit. Irgendwo in unserem Vorort muß es doch ein Photogeschäft geben. Richtig, in der kleinen Straße hinterm Supermarkt. Ich erinnere mich. Da hat ein sommersprossiger junger Mann die Söhne und mich mal vor einer Palmentapete für ein Familienphoto geknipst, das meine Mutter zu Weihnachten bekommen sollte. (Vernünftigerweise hat sie das Bild noch am Heiligen Abend zerissen. Den Rahmen fand sie sehr schön. Es war einer von dem Sonderposten, handgehämmerter Biedermeierrahmen, an denen der Antiquitätenladen unserer Freundin Christiene beinahe pleite gegangen wäre, weil die Kunden dort verständlicherweise alte Dinge suchten und nicht neue, die garantiert alt aussahen.) Dieser blasse, junge Photograph müßte doch in der Lage sein, ein Paßphoto von mir anzufertigen. Ganz unkünstlerisch, ohne Palmen und nostalgische Brauntönung.

Wieso stehen da lauter Klorollen vor der Tür? Aha – das ist jetzt eine Drogerie. Paßphotos könne man gleich um die Ecke im Supermarkt kriegen, erfahre ich. Da gebe es so einen praktischen Photoautomaten.

Die Zeit drängt. Das behauptet jedenfalls Jonathan. Er erkundigt sich netterweise jeden zweiten Morgen am Frühstückstisch, ob ich auch an meinen Paß denke. Natürlich denke ich an meinen Paß. Praktisch ununterbrochen – wenn ich nicht gerade an den Maler, Onkel Alberts Geschenk, die letzte Serienfolge, die Abholtermine für Rasierapparat und Koffer sowie ein paar andere Kleinigkeiten denke.

Du lieber Himmel, in einer Woche fahren wir. Und Jonathan braucht unbedingt noch Jeans und zwei neue T-Shirts. Frau Dr. Jungmann, der wir immer bei irgendwelchen offiziellen Parties oder Empfängen begegnen, lachte neulich auf ihre perlende Art, als ich ihr erzählte, daß Jonathan modisch gänzlich auf mich angewiesen sei. Ob ich ihn nicht an seiner Selbstverwirklichung hindere? Auch sie habe früher bestimmt, was ihr Mann anziehen solle. Inzwischen habe sie diese dominante Verhaltensweise aufgegeben und ermutige ihn, selbst über sein äußeres Erscheinungsbild zu entscheiden. Es sei wichtig für das Selbstbewußtsein des Mannes, daß er seine Persönlichkeit durch die Kleidung ausdrücken könne. Ich sah mich nach Herrn Dr. Jungmann um. Er stand wie immer schüchtern in einer Ecke, trug einen ausgeleierten grauen Rollkragenpullover und fühlte sich ganz offensichtlich scheußlich.

Ich glaube, ich besorge Jonathans Jeans und T-Shirts doch lieber selbst. Hoffentlich klappt das noch in den vier Tagen bis zu unserer Abreise. Noch dazu, nachdem morgen der Maler kommt.

»Deinen Paß hast du doch inzwischen«, sagte Jonathan, während Herr Wurrler, der seit vielen Jahren alles bei uns anstreicht, was einer neuen Farbschicht bedarf, von der Dachrinne über die Rolläden bis zu den Fensterrahmen, bereits seine Staffelei neben unserem Frühstückstisch aufgebaut hat.

»Noch nicht«, antwortete ich fröhlich. »Aber ich kriege ihn übermorgen.«

Ich weiß inzwischen, daß man beim Kreisverwaltungsreferat in dem imponierenden Neubau neben der U-Bahnstation einen neuen Reisepaß nicht nur beantragen, sondern auch gleich mit nach Hause nehmen kann. Eine überaus praktische, zeitsparende Lösung, finde ich. Man muß nur zwei gleiche Paßbilder mitbringen. Woher nehme ich in der Eile zwei gleiche Paßbilder?
Ich wühle mit fliegenden Fingern in Schreibtischschubladen und Photoschachteln. Plötzlich fällt mir ein Kuvert in die Hand, auf dem in meiner eigenen Handschrift geschrieben steht: Paßphotos für alle Fälle.
Toll, diese Idee. Muß aus einer meiner frühen Ordnungsphasen stammen. Jonathan wird staunen.
Das Kuvert enthält tatsächlich ein halbes Dutzend tadelloser Paßphotos von mir. Nicht die allerneuesten, aber mir durchaus ähnlich, zudem vertrauenerweckend und sympathisch. So ein Glück.
Morgen fliegen wir nach Amerika, denke ich, während ich auf einem der roten Plastiksesselchen in der Wartehalle des Kreisverwaltungsreferats sitze. Zwischen lauter vollautomatischen, lautlosen Türen, roten und grünen Lämpchen, Hinweisen, Buchstaben- und Zahlenreihen und sinnvoll angeordneten Pfeilen. Alles in allem eine ästhetisch einwandfrei durchrationalisierte Behörde.

Neben mir lehnt ein älterer Herr trübsinnig in einem hellblauen Plastiksesselchen.
»Haben Sie eine Nummer gezogen?« fragt er mich. »Sonst warten Sie nämlich vergebens.«
»Klar hab ich eine Nummer gezogen. Es hat nur ein bißchen gedauert, bis ich die Anweisungen begriffen habe«, erwidere ich.
Der Herr seufzt. »Haben Sie zwei gleiche Paßbilder dabei?«
»Habe ich, vielen Dank«, beruhige ich ihn.
Er seufzt wieder. »Haben Sie sich erkundigt, ob die gehen?«
»Wieso? Es sind zwei ganz normale Paßbilder.«
»Hab ich von meinen auch gedacht«, sagt der Herr resigniert und rutscht noch etwas tiefer in seinen Sessel.
»Und?« frage ich.
»Nichts. Der Hintergrund war zu dunkel.«
Ich schaue zweifelnd meine Paßbilder an. Mein Nachbar blickt mir über die Schulter.
»Hübsche Bilder«, stellt er fest. »Aber ziemlich dunkler Hintergrund.«
»Was haben Sie denn gemacht?« erkundige ich mich beunruhigt.
»Da vorn stehen zwei Photoautomaten«, erklärte er. »Fünf Mark schwarzweiß, sechs Mark Farbe. Wollen Sie meine Photos sehen?«
»Aber das sind doch nicht Sie«, rufe ich erschrokken.

»Nett, daß Sie das sagen«, murmelt der Herr und versinkt in Schweigen.
Meine Nummer wird aufgerufen. »Sie haben ja eine ganz andere Frisur, und der Hintergrund ist so dunkel. Sie müssen ein korrektes Paßbild vorlegen«, schnurrt die Dame hinter der Glasscheibe ins Mikro.
Vor dem Automaten zieht sich eine hübsche Blonde die Lippen nach. Ein junger Mann kämmt und schüttelt sein Haar. Ich tue nichts dergleichen. Ich setze mich auf den vertrauten runden Eisenhocker, ziehe den lächerlich kurzen Vorhang zu, fühle mich wie im Klo und zucke zweimal vor dem grell aus der Wand schießenden Blitz zurück.
Die hübsche Blonde zieht ihre Photos aus dem Automaten, erstarrt für eine Sekunde und schaut sich verschämt nach beiden Seiten um, ob niemand etwas gesehen hat. Dann schleicht sie in die Wartehalle zurück. Der junge Mann folgt ihr, den Blick ungläubig auf den Papierbogen in seiner Hand gerichtet. Er schüttelt mehrmals hilflos den Kopf und ist deutlich um einige Zentimeter geschrumpft.
Ich greife nach dem feuchten Papierstreifen, der sich mir aus dem Automatenschlitz entgegenschiebt. »Guten Tag, Gespenst, wie geht's?« sage ich. »Warum blinzelst du so abstoßend? Das letztemal hattest du, wenn ich mich recht erinnere,

noch Haare auf dem Kopf, dafür aber kein Doppelkinn. Es steht dir nicht, das Doppelkinn, da kannst du noch so schief grienen. Gleich kriegst du einen Stempel auf deine Höckernase, dann darfst du die nächsten fünf Jahre in meinem Reisepaß wohnen und harmlose Grenzbeamte erschrecken. Morgen zum Beispiel schon die in New York.«

Abends frage ich Jonathan, warum man Überschallflugzeuge und Mondfähren konstruieren kann und sogar Pfannen, in denen nichts mehr anbrennt, aber keine Photoautomaten, die Photos produzieren anstatt Gespenster.

Jonathan schaut irritiert von der Zeitung auf und sagt, er wisse es nicht. Außerdem gebe es Wichtigeres zu bedenken. Zum Beispiel, wo die Flugtikkets und die Leihwagenpapiere liegen.

Ich angle ein Tempotaschentuch aus der Schublade und tue mir sehr leid. Jonathan läßt die Zeitung sinken und sagt: »Ist etwas passiert? Du siehst so unglücklich aus.«

Ich nicke, schneuze nachdrücklich in das Tempotaschentuch und halte Jonathan meinen aufgeschlagenen Paß hin.

Jonathan schaut sich lange und gründlich das Photo an, das ich sein soll. Dann sagt er tröstend: »Also in Wirklichkeit ist deine Nase längst nicht so groß. Aber sonst ist es doch ein ganz normales Paßbild.«

Jonathan verliert keinen Schlüssel

Jonathan ist glücklich. Ein ganzer Tag in San Francisco«, ruft er und stellt den Motor ab. »Ist das nicht herrlich?«
»Wunderbar«, stimme ich zu und lege mich aufatmend in die Polster unseres riesengroßen Leihwagens zurück, in dem wir Amerika durchquert haben. Fünftausend Meilen, immer nach Westen, von New York bis zum Pazifik.
In Las Vegas hätten wir gerne in einer der vielen kleinen Kirchen zwischen Spielcasinos und Showpalästen geheiratet. Es ging leider nicht, weil wir schon verheiratet waren. Dafür haben wir am Mississippi den Highway verlassen und sind ein Stück am Ufer des Stroms entlanggewandert.
Eine schwarze Baumwollpflückerfamilie machte Picknick auf ihrem Lastwagen und wollte uns unbedingt zum Highway zurückfahren. Man geht in Amerika nicht zu Fuß. Nicht einmal am Ufer des Mississippi. Er floß träge, grau und schwermütig in Richtung Süden. Alles war wie in »Vom Winde verweht«, das Land, der Himmel, der Fluß. Nur noch weiter und größer und herzzerreißend amerikanisch.

Als wir in der Mittagshitze zu unserem Auto zurückkamen, hatte es die Augen geschlossen. Das tun manche Autos in USA. Sobald man sie parkt, klappen sie langsam ihre Augendeckel über den Scheinwerfern zu. Unseres blinzelte immer ein bißchen dabei.

Jetzt steht unser Auto in einer stillen Villenstraße auf einem der Hügel von San Francisco, und wir sitzen drin, ein wenig müde vom frühen Aufstehen, ein wenig erschöpft von den fünftausend Meilen, die hinter uns liegen, ein wenig traurig, daß dies unser letzter Tag in Amerika sein würde.

»Als erstes sollten wir mit der berühmten alten Straßenbahn fahren«, schlage ich Jonathan vor.

»Machen wir«, sagt Jonathan und streckt gähnend Arme und Beine von sich, soweit das zwischen Gaspedal und Verdeck möglich ist. »Ich glaube, ich habe drei Querstraßen von hier die Endhaltestelle mit der Umkehrschleife gesehen.«

»Und dann steigen wir unten am Meer bei ›Fishermen's Wharf‹ aus und hören ein bißchen den Straßenmusikanten zu und kaufen uns an einem der Fischstände eine Riesenportion frische Krabben mit Mayonnaise und essen dazu französisches Weißbrot, das zwischen den Zähnen kracht und nicht wie aufgeweichter Pappendeckel am Gaumen kleben bleibt. Das gibt's hier nämlich.«

»Toll.« Jonathan hat sich von meiner Begeisterung anstecken lassen. »Und danach zuckeln wir mit der Straßenbahn zurück, setzen uns ins Auto und fahren über die Golden Gate Bridge.«
»Aber ganz, ganz langsam. Noch langsamer als die Amerikaner sowieso fahren. Und drüben in Sausalito suchen wir die kleine Bar, in deren Spiegel man die ganze Stadt sehen kann, die weißen Häuser, die Hügel und die Brücke, die aussieht wie ein zarter, weitgeschwungener Bogen. Und dort trinken wir einen Whisky sour.«
»Tun wir«, erklärt Jonathan. »Woher weißt du das übrigens alles?«
»Von unserer Freundin Charlie. Die hat hier einen Teil ihrer wilden Jugendjahre verbracht.«
»Ach wirklich? Ich dachte immer, die hat sie in Afrika verbracht.«
»Auch, aber das erzähle ich dir ein anderes Mal. Jedenfalls hat Charlie gesagt, wir müßten unbedingt von Sausalito aus ein Stück in die Red Woods hineinfahren. Die Bäume sähen aus wie die Säulen gotischer Dome, nur höher und feierlicher.«
»Okay, warum nicht«, stimmt Jonathan gutgelaunt zu.
»Und dann –«
»Dann«, unterbricht mich Jonathan, »ist es Zeit, zum Flughafen zu fahren und den Leihwagen abzugeben. Unsere Maschine startet um 19 Uhr.«

»Ein Tag für San Francisco – das ist viel zu kurz«, seufze ich.

»Deshalb beginnen wir ihn jetzt«, sagt Jonathan und angelt seinen Pullover vom Rücksitz. »Vergiß deine Sonnenbrille nicht und drück den Knopf an der Tür runter, damit nicht jeder rein kann. Ich wundere mich heute noch, daß sie uns in Memphis nichts geklaut haben, wo der Wagen den halben Tag unversperrt herumstand.«

»Mir hat noch nie jemand was geklaut, und ich lasse mein Auto immer offen.«

»Ich weiß«, entgegnet Jonathan und läßt sich wieder in den Sitz zurückfallen. »Genau wie unsere Haustür. Die läßt du auch immer offen. Und wenn du sie zumachst, steckt der Schlüssel außen.«

»Richtig«, bestätige ich. »Das ist sehr praktisch, weil man nicht immer aufspringen muß, wenn es klingelt. Und bei uns klingelt es dauernd, vor allem für Michi und Christian.«

»Bitte, laß uns jetzt nicht über dein Verhältnis zu Schlüsseln und Türen reden«, sagt Jonathan. »Ich darf gar nicht daran denken, wo überall in der Welt Haus- und Autoschlüssel von uns herumliegen.«

»Du übertreibst. Ich erinnere mich nur an einen in dem Hotel in Bombay, ach ja, und einer liegt in der Eisack bei Brixen, den hab ich noch blitzen sehen, als er mir reinfiel. Aber die anderen liegen alle im südlichen München. Die meisten zwischen Supermarkt, Sparkasse und Post. Ich verstehe ja auch nicht, warum ich immer Schlüssel verliere«, sage ich traurig. »Irgendwie scheine ich sie magnetisch abzustoßen. Aber schließlich steht ja unsere Adresse nicht drauf, und neulich hab ich gleich sechs auf einmal nachmachen lassen. Jetzt kann eine Weile überhaupt nichts mehr passieren.«

»Den unterm Geranientopf hab ich reingenommen, bevor wir nach Amerika flogen«, erklärt Jonathan ruhig.

»Ich weiß«, erwidere ich. »Ich hab dafür einen unter den Abstreifer gelegt und einen in die Mauernische beim Kellerfenster. Es kann doch sein, daß meine Mutter ihren vergißt, oder Frau Weiß, wenn sie saubermachen will, oder die Söhne, die vor uns aus den Ferien heimkommen.«

An der Art, wie Jonathan schnauft und die Nasenflügel bläht, merke ich, daß es nicht günstig ist, mit ihm weiter über Schlüssel zu reden. »Komm«, sage ich schnell. »San Francisco wartet.«

Ich klettere aus dem Auto in die angenehme Sonntagmorgenkühle, drücke den Knopf runter und schlage die Tür zu. Jonathan klettert auf der anderen Seite aus dem Auto, drückt den Knopf runter und schlägt die Tür zu. Wir laufen ein paar Meter, da fällt mir ein, ich habe meine Sonnenbrille im Auto vergessen.

»Gibst du mir schnell den Autoschlüssel?« sage ich.
»Augenblick«, seufzt Jonathan und greift in seine rechte Hosentasche, dann in die linke. Mehr gibt es nicht zu greifen.
»Das kann nicht sein«, sagt Jonathan ungläubig.
»Der Autoschlüssel ist weg.«
Wir stürzen zum Wagen zurück. Jonathan bückt sich unter die Kühlerhaube, ich unter den Kofferraum. Wir kriechen von beiden Seiten um die Räder herum.
Plötzlich richtet sich Jonathan auf und ruft: »Ich hab ihn.«
»Gott sei Dank«, stöhne ich.
»Er steckt im Wagen«, sagt Jonathan.
In der nächsten Sekunde löst sich San Francisco in einer Brise kühler Sonntagmorgenluft auf. Die Trambahn, Fishermen's Wharf, die Golden Gate Bridge, die kleine Bar in Sausalito, die Red Woods, es gibt sie nicht mehr, jedenfalls nicht für uns.
Jonathan kommt als erster zu sich. Er rüttelt an der linken Tür, an der rechten Tür, am Deckel des Kofferraums. Vergeblich. Dann ruft er: »Ein Telephon, ich brauche ein Telephon. Kannst du dich erinnern, wie unsere Leihwagenfirma heißt? Es war eine ziemlich unbekannte?«
Ich kann mich nicht erinnern. Der Name steht auf den Wagenpapieren. Die Wagenpapiere liegen im Auto.

Jonathan hetzt zur Telephonzelle an der Ecke, hetzt zurück, sagt, der Operator tue sein Möglichstes, hetzt wieder zur Telephonzelle, hetzt zurück, fragt: »In welcher Straße stehen wir eigentlich?«, hetzt zur Telephonzelle, hetzt zurück und teilt mir mit, die Firma müsse ihre Niederlassung in New York verständigen. Dort sei es Samstagnacht, hier ist Sonntagfrüh.
»Wer ist da im Büro? Niemand natürlich. Ich soll in zehn Minuten noch mal anrufen. Das Ganze wird vermutlich Stunden dauern«, meint Jonathan geknickt.
Ich setze mich aufs Heck unseres Autos, starre auf die grauen Überreste unseres Tages in San Francisco, die irgendwo zu meinen Füßen herumliegen müssen, und sage auf keinen Fall: »Hauptsache, der Wagen ist abgesperrt, daß keiner rein kann.« Nein, ich sage es nicht. Auch nicht ganz leise.
Jonathan trottet zur Telephonzelle zurück.
Eine alte Dame mit rosa geschminkten Wangen und einem Hütchen mit Schleier kommt auf unserer Straßenseite den Hügel herab. Sie sieht ein bißchen aus wie die jüngere Schwester aus dem Film »Arsen und Spitzenhäubchen«. Eine große, schwarze Handtasche baumelt an ihrem Arm.
»Guten Morgen, hübscher Tag heute«, sagt sie und bleibt vor mir stehen.
»Morning«, grüße ich einsilbig zurück.

»Something wrong, dear? – Ist etwas nicht in Ordnung, meine Liebe?«

Ich erkläre ihr, was alles nicht in Ordnung ist.

»Sie meinen, der Wagenschlüssel steckt dort drin, und Sie können nicht rein?« sagt die alte Dame und deutet durchs Fenster.

Ich nicke.

»Aber das ist doch kein Problem«, erklärt sie freundlich. »Sie brauchen nur einen Hänger.«

»Einen was?«

»Einen Hänger.«

Jonathan kommt auf uns zu. Ich rufe ihm entgegen: »Die Lady kann uns vielleicht helfen. Sie sagt, wir brauchen einen Hänger.«

»Einen was?« fragt Jonathan.

»Einen Hänger«, erkläre ich ihm. »Ich weiß auch nicht, was das ist. Vielleicht ein Abschleppgerät oder ein Spezialwerkzeug aus einer Autowerkstatt.«

»Gibt es hier in der Gegend eine Werkstatt, wo wir einen Hänger kriegen können?« wendet sich Jonathan hoffnungsvoll an die alte Dame.

»Oh, nein«, erwidert sie. »Autowerkstätten gibt es in diesem hübschen Wohnviertel nicht. Und wenn es sie gäbe, hätten sie geschlossen, weil heute Sonntag ist. Und selbst wenn sie offen wären, gäbe es dort sicher keinen Hänger.«

»Aha.«

»Aber wir schaffen das schon«, versichert sie heiter. »Kommen Sie einfach mit. Irgendwo werden wir einen Hänger finden.«

»Du willst doch nicht mit dieser alten Lady durch San Francisco wandern und nach einem Hänger fahnden, was immer das ist«, sagt Jonathan auf deutsch.

»Warum nicht?« erwidere ich. »Besser als hier herumstehen und nichts tun ist es in jedem Fall.«

»I am Mildred Miller«, erklärt die alte Dame, als wir uns anschicken, ihr zu folgen. »Aber die meisten Leute nennen mich Millie. Sie können ruhig Millie zu mir sagen.«

»Sehr erfreut, Millie«, verbeugt sich Jonathan leicht und nennt unsere Namen.

»Nett, Sie getroffen zu haben, Jonathan«, versichert ihm Millie und schreitet uns energisch voran.

Wir kommen an einem Milchladen vorbei. »Natürlich kein Mensch da«, stellt Millie stirnrunzelnd fest. »In meiner Jugend hatten Milchläden am Sonntagvormittag immer offen. Aber sie hätten wohl sowieso keinen Hänger gehabt. – Warten Sie mal, in der Leihbücherei da drüben steht jemand am Fenster«, ruft sie dann und überquert festen Schrittes die stille Villenstraße.

»Millie ist ja reizend«, knurrt Jonathan, »aber es ist offensichtlich, daß sie nicht ganz richtig im Kopf ist. Ich kehre jetzt um, versuche ein Taxi zu kriegen und fahre damit zu einer Autowerkstatt, oder ich rufe nochmals die Leihwagenfirma an, daß sie New York anrufen. Oder ich wende mich an eine Polizeiwache oder – also irgend etwas muß ich einfach tun.«

»So ein Pech. Kein Hänger in der Bücherei«, teilt uns Millie mit. »Hätte ich mir eigentlich denken können. Ich glaube, wir klingeln jetzt einfach mal am nächsten Haus.«

»Bei Fremden?«

»Aber ja, warum nicht«, erwidert Millie erstaunt. »Wenn man dringend einen Hänger braucht, kann man überall klingeln.«

»Du hast recht«, flüstere ich Jonathan zu. »Sie ist ein bißchen verrückt. Wir müssen versuchen, sie abzuschütteln.«

»Mein Gott, jetzt geht sie in die Kirche«, sagt Jonathan.

Unter dem Portal steht ein Geistlicher und sperrt gerade seine Kirchentür ab. »Hallo Pastor«, ruft unsere Begleiterin. »Warten Sie doch einen Augenblick. Diese beiden netten Leute hier aus Germany haben sich aus ihrem Wagen ausgeschlossen. Können Sie uns mit einem Hänger aushelfen?«

»Oh, das tut mir leid, Mrs. Miller«, erwidert der Pastor. »Das tut mir wirklich sehr leid. Ich wollte, ich hätte einen. Zu dumm. Meine Frau hat gestern einen nach Hause gebracht, in einer großen praktischen Plastiktüte. Aber hier in der Sakristei befindet sich kein Hänger. Das müßte ich wissen. Es hätte natürlich sein können. Schade. Ich wünsche Ihnen noch einen schönen Tag. Gott segne Sie.«

»Millie, meine Liebe«, sagt Jonathan, als der Pastor winkend in die nächste Seitenstraße eingebogen war. »Millie, wir müssen jetzt wirklich zu unserem Auto zurück. Vielleicht kommt ja in der nächsten Stunde jemand von der Firma mit einem Reserveschlüssel.«

»So ein Unsinn. Wer wird denn stundenlang auf einen Reserveschlüssel warten?« schneidet ihm Millie das Wort ab. »Seht mal, das Haus da drüben, gleich hinter der Verkehrsampel. Das ist es, was wir suchen. Dort bekommen wir unseren Hänger.«

Sie deutet auf ein prachtvolles Gebäude im Kolonialstil mit dunkelgrünen Fenstersprossen und Regenrinnen. Über dem halbrunden Türbogen steht in goldenen Buchstaben »Funerals«.

»Weißt du, was das heißt?« fragt mich Jonathan mit düsterer Miene.

»Klar. Das heißt Beerdigungsinstitut«, antworte ich.

»Willst du dieses groteske Spiel weiter mitmachen?« erkundigt sich Jonathan.

»Ach, weißt du, ich finde es inzwischen ganz lustig, mit einer so reizenden alten Lady durch San

Francisco zu laufen und nach einem Hänger zu fragen. Man lernt so nette Einheimische kennen. Denk nur an den Pastor. Schade, daß ich mit der Dame von der Leihbücherei nicht ins Gespräch kam. Nachdem die Sache mit dem Schlüssel nun einmal passiert ist, können wir ebensogut mit Millie herumlaufen wie vor unserem Leihwagen herumstehen.«
»Das mußte ja kommen«, zischt Jonathan.
»So ist es«, zische ich zurück.
Die Ampel schaltet auf Grün, wir überqueren die Kreuzung. Unsere Begleiterin schreitet ohne Zögern die Stufen zum Eingang des Beerdigungsinstituts hinauf und drückt auf den Klingelknopf.
Langes Schweigen. Dann Schritte hinter der Tür. Eine junge Frau, ganz in Schwarz, öffnet und sagt: »Guten Morgen. Wir hoffen, Ihnen in Ihrem Schmerz beistehen zu können. Wo befindet sich der liebe Verblichene?«
»Nein, nein, niemand ist tot«, ruft Millie fröhlich. »Wir wollten nur fragen, ob Sie einen Hänger für uns haben.«
»Ich halte das keine Sekunde mehr aus«, flüstert mir Jonathan ins Ohr. »Das ist ja wie bei Hitchcock.«
Ich fasse nach seiner Hand. Ich fühle mich inzwischen auch nicht mehr besonders gut.
»Einen Hänger?« Natürlich haben wir einen Hänger. Sie können ihn gerne mitnehmen«, sagt die

blasse, schwarzgekleidete Dame vom Beerdigungsinstitut, dreht sich um, greift an die Wand und reicht der alten Lady, die wir Millie nennen, einen zierlichen Gegenstand aus Draht, den ich sofort erkenne. Es ist einer jener Kleiderbügel, wie man sie bekommt, wenn man Jacken und Mäntel aus der Reinigung holt.
»Mir dämmert was«, ruft Jonathan aufgeregt.
»Mir nicht«, sage ich enttäuscht.
»Sie können den Hänger behalten«, ruft uns die junge Frau in Schwarz nach.
Der Rest geht ganz schnell. Am Wagen angekommen, sagt Millie: »Halten Sie mal«, und hängt mir ihre Handtasche über den Arm. Dann biegt sie mit geübtem Griff den Kleiderbügel auseinander, formt das eine Ende zu einer Schlaufe und schiebt es routiniert durch die Gummiabdeckung des Seitenfensters. »Können Sie sich bitte mal umschauen, ob ein Polizist unterwegs ist«, wendet sie sich an mich, und zu Jonathan sagt sie augenzwinkernd: »Augenblick, der Knopf sitzt etwas niedrig.« Dann zieht sie den Hänger mit einem erstaunlich kräftigen Ruck nach oben, die Autotür läßt sich mühelos öffnen.
Eine heiße Welle der Dankbarkeit überflutet mich. In Sekundenschnelle entsteht San Francisco vor mir in der späten Vormittagssonne: die altmodische, ruckelnde Straßenbahn, Fishermen's Wharf, die kleine Bar in Sausalito, die Red

Woods und die hügeligen Straßen, an deren höchstem Punkt unser Auto sanft in die Knie gehen wird, bevor es dem blauen Meer entgegenrollt.
»Wir danken Ihnen, wir danken Ihnen so sehr. Sie haben unseren letzten Tag in Amerika gerettet. We cant' tell you how happy we are. What a wonderful idea. Einfach toll und so einleuchtend. Wie sind Sie nur darauf gekommen. – How did you get this idea???«
Millie errötet unter ihren rot geschminkten Apfelbäckchen.
»Ach, wissen Sie, mir passiert es mindestens jede Woche einmal, daß ich den Autoschlüssel stecken lasse. Ich bin ja 82, und mein Mann sagt immer: Millie, mit 82 solltest du aufhören, Auto zu fahren. Außerdem hast du kein Glück mit Schlüsseln. Mit Schlüsseln muß man Glück haben, sonst läßt man am besten die Finger davon. Aber wer kann das schon, nicht wahr, die Finger von Schlüsseln lassen? Schlüssel braucht man von morgens bis abends. Anyway, seit ich kapiert habe, was man mit einem Hänger alles machen kann, habe ich keine Probleme mehr mit Schlüsseln. Einfach rein und zack, und die Tür ist offen.« Der Schleier an Millies Hütchen wippt heftig auf und ab.
»Das glaubt uns niemand, wenn wir das zu Hause erzählen«, sage ich zu Jonathan und kurble das

Fenster hoch, durch das ich Millie gewinkt habe, bis nur noch der schwarze Punkt ihrer Handtasche oben am Hügel zu erkennen war.
»Weißt du was«, erwidert Jonathan fröhlich. »Wir erzählen das Ganze ein bißchen anders. Wir sagen einfach, *du* hast den Schlüssel stecken lassen. Das klingt viel wahrscheinlicher. Das nimmt uns jeder ab.«

Jonathan fehlt ein Hund

Jonathan möchte wieder einen Hund haben. Er vermißt unseren Boxer Basko. Das merke ich schon seit einiger Zeit. Aber ich sage nichts.
Wenn wir mit Michi und Christian auf den Stufen von Sacre Cœur stehen und auf das von weißblühenden Kastanien umschäumte Paris hinunterschauen, bückt sich Jonathan zu einem wildfremden, triefenden Hund, der entfernt an einen Boxer erinnert, krault ihn hinterm Ohr und erklärt dem baß erstaunten punkhaarigen Besitzer, »Boxäääär« seien die rührendsten, treuesten und schönsten Hunde der Welt.
Der Punker hält Jonathan selbstverständlich für verrückt und sagt vorsichtshalber durch schwarze Zahnstummel »Oui, Monsieur.«
Der Hund schüttelt sich und schlenzt einen unappetitlichen Speichelbatzen auf Jonathans Flanellhose.
»Schau doch, genau wie unser Basko«, ruft Jonathan gerührt. »Vielleicht sollten wir uns wieder einen Hund anschaffen.«
Die Söhne hören ihn nicht, weil sie einer Band lauschen, die den dichtgedrängten Touristen auf

dem Montmartre »New York, New York« vorspielt.

Michi fühlt sich offenbar schmerzlich an seine ruhmlos im Sande verlaufene Musiker-Karriere erinnert, von der noch zwei verstaubte elektrische Gitarren und mehrere Lautsprecherboxen im Hobbykeller zeugen, Christian folgt fasziniert den rollenden Hüftbewegungen der Sängerin, ich drehe mich zu Jonathan um und sage: »Du hast recht. Genau wie Basko. Ich habe ihn zehn Jahre lang heiß geliebt und seine Speichelbatzen von Möbeln und Wänden entfernt. Aber zehn Jahre sind genug.«

»Wie kann man nur so herzlos sein?« seufzt Jonathan und streichelt hingebungsvoll das fettige, ungepflegte Fell des fremden, boxerähnlichen Hundes an einem Frühlingstag in Paris.

Ich beschließe, der Sache psychologisch auf den Grund zu gehen.

Als Jonathan das nächste Mal in einer bayerischen Wirtschaft im Oberland einen böse knurrenden Boxer zu tätscheln versucht und zu mir sagt: »Sieht er nicht genau aus wie unser Basko?« erwidere ich fest: »Nein, er sieht absolut nicht aus wie unser Basko. Unser Basko war ein edler, gepflegter, wunderschöner, intelligenter, treuherziger, hinreißend charmanter Hund. Dies hier ist nur ein häßlicher, zähnefletschender Boxer wie jeder andere auch.«

»Du verstehst mich nicht«, beklagt sich Jonathan zu Hause. »Du hast mich nie verstanden.«
»Ich weiß«, sage ich. »Aber könntest du mir trotzdem erklären, warum du nach den zehn wundervollen, aber doch recht ruhelosen Jahren mit Basko wieder einen Hund möchtest?«
»Er begrüßt mich, wenn ich heimkomme und freut sich, daß ich wieder da bin«, erwidert Jonathan.
»Also, hör mal, Papa, das tun wir auch«, mischt sich Michi ein.
»Mag sein«, gibt Jonathan zu. »Aber man merkt es nicht.«
»Das liegt daran, daß wir nicht mit dem Schwanz wedeln und an dir hochspringen können«, erkläre ich.
»Aber du könntest uns zum Beispiel durchaus streicheln und kraulen«, findet Michi, »anstatt zu brummeln, daß das Garagentor wieder mal nicht aufgemacht war.«
»Die Mama tätschelst du ja manchmal am Kopf«, sagt Christian trocken. »Das sieht immer genauso aus, wie wenn du den Basko tätscheln würdest.«
»Vielleicht sollte ich vor Begeisterung Pfoti geben«, bemerke ich sarkastisch.
»Ihr habt keine Ahnung, worum es mir geht«, ruft Jonathan düster.
Wir schweigen erwartungsvoll.
»Mit einem Hund kann man zum Beispiel bei Re-

gen stundenlang spazierengehen«, doziert Jonathan.

»Ich kann mich nicht daran erinnern, daß du jemals bei Regen freiwillig spazierengegangen bist, Papa«, wundert sich Christian. »Und mit Basko schon gar nicht. Wenn's geregnet hat, waren immer Michi oder ich dran mit dem Gassigehen.«

»Und die nassen Pfoten und den matschverkrusteten Bauch hab ich abgewischt«, ergänze ich.

»Und die rohen Fleischbrocken, vor denen dir so gegraust hat, hab auch ich kleingeschnitten.«

»Und wie der Basko nachts diesen furchtbaren Durchfall gehabt hat, da hab ich die Treppe saubergemacht, weil ich als erster aufgestanden bin«, erinnert sich Michi schaudernd.

»Ihr habt ihn eben nicht geliebt«, erklärt Jonathan.

»Doch, wir haben ihn sehr geliebt«, sage ich nachdrücklich. »Er hat ein wunderbares, glückliches Leben gehabt. Wir sind wie die Verrückten mit ihm durch den Garten getobt und haben ihm sein Stocki und sein Ringlein über den Rasen geschleudert. Wir waren ganz außer uns vor Stolz, weil er nachweislich neunzehn verschiedene Wörter verstanden hat und seine Stirn in so drollige Kummerfalten legen konnte. Meine Mutter hat sich stundenlang mit ihm unterhalten wie mit einem Menschen und war der festen Überzeugung, daß er eine Seele hat. Und wenn er in sei-

nem muffelnden Korb lag, den dicken Kopf zur Wand gekehrt und das rechte Hinterbein schlaff über den Rand gestreckt, dann haben wir ihn so lange gestreichelt, bis er vergessen hat, daß er beleidigt war. Wir haben ihn gekrault, daß die Haare nur so auf den Teppich gerieselt sind. Wir haben sein Fell gebürstet und allen Menschen, die schreiend vor ihm davonliefen nachgerufen, er könne nichts dafür, daß er so furchterregend aussieht. Wir haben ihn zu unseren Freunden mitgenommen und so getan, als wüßten wir nicht, wie widerlich sie es fanden, wenn er unterm Tisch pupste. Und das tat er häufig und ausgiebig. Nein, Jonathan, das darfst du nicht sagen, daß wir den Basko nicht geliebt haben. Du weißt, daß es nicht stimmt. Aber gerade deshalb wollen wir alle drei keinen neuen Hund.«
»Ist ja gut«, winkt Jonathan müde ab und schaltet die Tagesthemen im Fernsehen ein.
»Ist der Papa in der Midlife-Crisis?« fragt Christian am nächsten Tag.
»Keine Spur«, erwidert Michi. »Er weiß nur nicht, was er tun soll, wenn so viele bayerische Feiertage zusammentreffen wie diesmal im Mai: Christi Himmelfahrt, Fronleichnam und dann noch Pfingsten und Muttertag und Erster Mai und weit und breit kein gescheites Fußballspiel und dauernd Regen. Kein Wunder, daß dem Papa fad ist. Er mopst sich, wenn er nichts zu tun hat außer

lesen und fernsehen. Der Papa ist nämlich ein Widder!«

Drei Tage später kommt Jonathan abends mit einem großen, sperrigen Paket nach Hause.

»Das ist mein Geburtstagsgeschenk«, verkündet er.

»Wieso, du hast doch erst wieder im März Geburtstag«, sage ich verwirrt.

»Dann habe ich mir diesen Videorecorder eben nachträglich zum Geburtstag geschenkt«, stellt Jonathan fest und beginnt sein Geschenk auszupacken.

Ich bin ein bißchen beleidigt und sage: »Erst neulich hast du erklärt, daß du nie mehr irgend etwas anderes zum Geburtstag bekommen willst, als was du immer kriegst: von mir ein Hemd und einen schicken Pullover, von Michi eine Krawatte, von Christian einen Krimi und von meiner Mutter einen Geldbeutel oder einen Birnenschnaps, weil dich das am meisten freut. Und jetzt schenkst du dir einen Videorecorder!«

»Der sieht ja scheußlich aus«, rufe ich, als Jonathan endlich das letzte Stück Pappkarton aufgerissen hat. »Wo sollen wir denn dieses schwarze Monstrum unterbringen? Ins Bücherregal paßt es jedenfalls nicht.«

»Bei einem so vielseitigen technischen Gerät kommt es nicht auf die ästhetische Wirkung an oder darauf, ob es zur Einrichtung paßt«, läßt mich Jonathan wissen. »Worauf es ankommt, ist, daß ein Videorecorder den Horizont erweitert, der Information, Bildung und Unterhaltung dient und uns die Chance gibt –«

»Noch mehr fernzusehen als bisher«, ergänze ich.

»Nein, eben nicht! Uns die Chance gibt, gezielter fernzusehen«, sagt Jonathan. »Schau nur, wie oft interessiert dich das Leben der arktischen Seehunde oder die Entstehung der Pyramiden, und dann drehst du doch ›Dallas‹ oder ›Denver‹ an.«

»Da verwechselst du etwas, Jonathan«, sage ich. »Das mit den Seehunden und Pyramiden ist meine Mutter. Aber du kreuzt doch im Programm immer diese interessanten politischen Diskussionen an und landest dann regelmäßig bei der Sportschau.«

»Eben«, sagt Jonathan. »Deshalb ist ein Videogerät sehr nützlich.«

Inzwischen hat der Schreiner Wummerl ein neues Brett in unser hübsches weißes Bücherregal eingefügt. Die zwanzig Bände »Geschichte der Malerei« und das gesamte Literaturlexikon fielen auf ihn drauf, aber das macht nichts, die stehen jetzt sowieso bei Jonathan im Schlafzimmer. Zusammen mit dem frühen Böll und dem späten Grass.

Ich fragte Jonathan, ob ich Herrn Ehrlich vom Fernsehgeschäft an der Kreuzung rufen soll, da-

mit der den Videorecorder anschließt, aber Jonathan sagte: »Das kann ich auch«, und schlug die Gebrauchsanweisung auf. Das war am Samstag nach dem Frühstück.
Am Sonntag abend nahm sie ihm ein Freund von Michi aus der Hand, warf einen kurzen Blick hinein und verband ein paar Drähte und Stecker miteinander. Dann fragte er höflich, ob Jonathan die Aus- und Antaste erklärt haben wolle.
Er wollte. Ich nicht.
Jonathan behauptete, das sei purer Eigensinn. Aber es stehe ja schon in meinem Horoskop, daß ich zu trotziger Kälte neige.
Ich sage: »Seit wann glaubst du an Horoskope? Außerdem steht da auch, daß meine ›trotzige Kälte‹ durch flirrenden Charme und ›großzügige Lebensauffassung‹ ausgeglichen wird.«
Jonathan sagt, laut Horoskop sei unsere Ehe schon seit längerem als gescheitert zu betrachten. Ich stimme ihm zu.
Inzwischen gehört das Videogerät so selbstverständlich zu unserem Haushalt wie früher Basko, nur daß man es nicht streicheln kann. Dafür braucht man es nicht spazierenzuführen. Jonathan findet, das sei nicht die richtige Einstellung zu einem Videogerät.
Jonathan hat einen Kollegen, der ist Opernfan. Er besitzt ebenfalls ein Videogerät und dazu zahllose Kassetten mit berühmten Opernaufführungen.

»Wenn der abends beim Bier sitzt und es kommt über ihn, dann hört er einfach ein bißchen Wagner. Zum Beispiel ›Tristan‹, letzter Akt, Isoldes Liebestod«, erzählt Jonathan. »Je nach Stimmung wirft er die Kassette mit der Nilsson oder mit der Behrens ein.«
»Toll«, sage ich.
»Schade, daß wir weder die Nilsson noch die Behrens hören wollen, sondern überhaupt keine Opern und schon gar nicht welche von Wagner«, seufzt Jonathan. Er berichtet von einem anderen Kollegen, der inzwischen 840 alte Filme auf Videokassetten besitzt, die meisten selbst mitgeschnitten.
»Ich glaube, dazu ist es für uns zu spät. Den holen wir nie ein«, sage ich. »Wenn der tausend Filme hat, haben wir sicher erst zehn, weil wir bei den anderen zehn vergessen haben, das Gerät auf Mitternacht zu programmieren.«
Jonathan nickt trübe.
»Außerdem können wir ›Mein Freund Harvey‹ und ›Die Ferien des Monsieur Hulot‹ so gut wie auswendig«, tröste ich ihn. »Und die zehn Folgen vom ›Monaco Franze‹ haben wir auch schon dreimal gesehen.«
Wir beschließen, daß wir das Videogerät nicht systematisch, sondern spontan einsetzen werden. Das funktioniert ziemlich gut.
So haben wir einige Male, als wir abends eingela-

den waren, ›Dallas‹ gespeichert und am nächsten Tag auch wirklich bis zur spannendsten Stelle gesehen. Die Sendung davor hatte zehn Minuten länger gedauert. Jetzt wissen wir nicht, wer Sue Ellens Liebhaber aus dem 14. Stock geworfen hat und ob sie es war, die Dschi Aar angeschossen hat. Irgendwie sind wir seither nicht mehr richtig auf dem laufenden mit den Familienverhältnissen auf der Southfork Farm. Jonathan gibt jetzt beim Programmieren immer ein paar Minuten zu.

Leider hat es bei der berühmten Kammerspielinszenierung von »Onkel Wanja«, für die man nie Karten bekam, trotzdem nicht geklappt. Frank Elstner hatte überzogen. Man kann natürlich sagen, jeder literarisch gebildete Mensch weiß, wie »Onkel Wanja« ausgeht, und erinnert sich daran, wer Regie geführt hat und wie der Hauptdarsteller hieß. Wir nicht. Wir haben die Fernsehübertragung der Inszenierung auf Kassette aufgenommen und sie uns dreieinhalb Stunden lang angesehen. Nachdem die Handlung bei Tschechow ja immer etwas zäh ist, konzentrierten wir uns nach zwei Stunden darauf, zu erraten, wie die Schauspieler hießen, die wir alle von der Bühne kannten und dennoch nicht benennen konnten. Denn eine Viertelstunde vor dem Endspurt – wenn bei Tschechow ein so dynamisches Wort erlaubt ist – surrte etwas im Videorecorder und die Kassette war zu Ende. Ich könnte natürlich bei den Kammerspielen anrufen, wer Onkel Wanja war und wer Regie geführt hat, aber da ist immer besetzt. Michi hat manches Fußballspiel für seinen Vater gespeichert, das nie wiedergefunden wurde. Dafür sind wir merkwürdigerweise im Besitz eines kompletten »Gesundheitsmagazins« mit Dr. Antje-Katrin Kühnemann. Sie spricht mit Kollegen über Spreizfüße, hat eine ganz neue Frisur und sagt immer so reizend »jaaaa?«, wenn sie von ihrem Interviewpartner etwas erfährt, was sie als Ärztin genau weiß.

Neulich haben wir unser Videogerät zum ersten Mal wirklich nutzbringend einsetzen können. Ein junger Freund rief uns an und fragte, ob wir ihm eine halbstündige Sendung aus einem der zahllosen Kabelprogramme aufnehmen könnten. Er habe ein wissenschaftliches Werk über Knoblauch geschrieben. Es sei sein erstes Buch und er habe erfahren, daß es in dieser Sonntagnachmittagssendung ausführlich besprochen werde. Wir gratulierten dem jungen Kollegen und erinnerten uns die ganze Woche über gegenseitig daran, daß wir keinesfalls vergessen dürften, am Sonntag um 14 Uhr den Fernsehapparat samt Videorecorder einzuschalten.

Genau um 14 Uhr 7, wir lagen angenehm gesättigt und sonntäglich schlapp in den Sesseln, sprang Jonathan auf, stürzte zum Fernseher und rief:

»Um Gottes willen, die Knoblauchsendung!«
Gott sei Dank hatten wir noch nicht viel versäumt. Ein charmanter Wiener Journalist sprach zunächst ausführlich davon, welche Beschwernisse beim Menschen auftreten, wenn er älter wird.
»Vergeßlichkeit« – Jonathan warf mir einen beziehungsreichen Blick zu.
»Gelenk- und Magenschmerzen« – ich gab den Blick zurück.
»Schlaflosigkeit« – Jonathan nickte wissend in meine Richtung.
»Unrast und Ruhelosigkeit« – ich nickte in seine.
Nach etwa zehn Minuten fühlten wir uns uralt und hoffnungslosem geistigen wie auch körperlichem Verfall anheimgegeben.
Plötzlich ging ein Leuchten über das Gesicht des Moderators. Es gebe gegen all diese und viele andere Leiden ein uraltes, zuverlässiges Heilmittel: Knoblauch.
Wir spannten unsere durch Alter und unvernünftige Lebensweise geschwächten Sinne an und warteten darauf, daß der Moderator das Buch unseres jungen Freundes besprechen würde.
Statt dessen tauchte ein altgedienter Schauspieler auf dem Bildschirm auf. Der Moderator gratulierte ihn zum 85. oder 90. Geburtstag und fragte, wie es der Jubilar geschafft habe, so aktiv zu bleiben.

»Ha«, freute sich dieser über seine faltigen Tränensäcke hinweg. »Jeden Abend eine Flasche Wein und öfter einen kräftigen Klaren – das ist das ganze Jeheimnis.«
Ob er denn auch auf gesundes Essen achte, baute ihm der Moderator eine Brücke, die zweifellos in Richtung Knoblauch führen sollte.
»Jesund würde ich das eigentlich nicht nennen«, erwiderte der fröhliche Greis. »Gut jewürzt und reichlich« – das sei seine Devise – »und danach eine starke Zigarre.«
Der Übergang zum Knoblauch gestaltete sich zusehends schwieriger. Aber ein routinierter Moderator gibt nicht auf.
Sicherlich verwende die Frau des Mimen auch Knoblauch in der Küche, vermutete er.
»Knoblauch!!!! Um Jottes willen. Bleiben Sie mir mit Knoblauch vom Leibe«, rief der Interviewte und fügte hinzu, er habe neulich einem Bühnenpartner gegenüber gestanden, der Knoblauch gegessen habe. »Ich sage Ihnen, der hat gestunken, das war unerträglich. Ich habe nur noch zum Publikum hinjesprochen, und nach der Vorstellung hab ich dem jesagt: ›Herr Kollege‹, hab ich jesagt, ›wenn Se noch mal Knoblauch zu sich nehmen, solange diese Tournee andauert, dann treten Sie ohne mich auf.‹«
Es gebe auch Knoblauchpillen, die röchen nicht so stark, nahm der Moderator einen neuen Anlauf.

»Nee, lassen Sie mal. Von diesem Stinkezeug will ich nix wissen«, sagte der alte Zausel, hob sein Glas und prostete dem Moderator begeistert zu.
»Angesichts soviel strotzender Gesundheit möchte man fast annehmen, daß die Frau unseres bewunderten Künstlers ihm ab und zu doch heimlich eine Knoblauchzehe ins Essen schmuggelt«, plauderte sich der Moderator geschickt zum nächsten Abschnitt der Sendung.
Ein Arzt im weißen Mantel trat auf und berichtete, er habe einen Patienten, der jahrelang unter hohem Blutdruck litt. Kein Medikament habe ihm helfen können. Da habe er ihm sechs Zehen Knoblauch täglich verschrieben, und der Blutdruck habe sich normalisiert. Dieser Patient, so fuhr der Arzt fort, habe allerdings einen Beruf, der ihn so gut wie nie mit Menschen in Kontakt bringe. Er sei Förster.
Noch ehe der Moderator eingreifen konnte, berichtete der Arzt ernst, er habe bei zwei weiteren Patienten den gleichen Erfolg gehabt, aber auch diese müßten dienstlich keinerlei Umgang mit ihren Mitmenschen pflegen. Es sei bedauerlich, daß eine Knoblauchbehandlung nur Angehörigen von Freiluftberufen zuzumuten sei, schloß er grämlich.
Die Sendung näherte sich ihrem Ende. Der Moderator blickte auf die Uhr und sagte dann in rasendem Tempo: »Soviel für heute, liebe Zuschauer,

zur positiven Wirkung des Knoblauchs. Ich möchte Sie hier noch auf ein Buch aufmerksam machen, daß ich durch Zufall ausgegraben habe. Es beschäftigt sich mit Knoblauch und stammt von einem Journalisten – wie heißt er doch gleich?«

Er hielt das Buch für eine Zehntelsekunde in die Kamera, und zwar so, daß man weder den Titel noch den Namen des Autors, geschweige denn den Verlag entziffern konnte, und flötete »Bis zum nächstenmal. Servus, küß die Hand, auf Wiedersehen.«

»Das können wir deinem jungen Freund unmöglich vorspielen«, sagte ich aufatmend.

»Unmöglich«, bestätigte Jonathan. »Er ist so sensibel, und es ist sein allererstes Buch. Weißt du was? Ich sage einfach, wir hätten die Sendung vergessen. Das verzeiht er mir zwar nie, aber das nehme ich auf mich.«

»Tja«, seufzte ich. »Video macht Freunde.«

Inzwischen benutzen wir unser Videogerät kaum noch. Es ist so ähnlich wie mit den 21 Kabelprogrammen und mit dem Zusatzgerät zu meinem Staubsauger, mit dem man laut Vertreter mühelos Herdplatten, Badewannen und Kacheln polieren, Teppiche und Polstermöbel reinigen sowie sich selbst und andere mit und ohne Kleidung massieren kann.

Neulich meinte Jonathan, wir sollten uns einen

CD-Plattenspieler anschaffen. »Da darf man die Platten auf den Boden werfen und darauf herumtrampeln, ohne daß sie einen Kratzer kriegen.«
Ich sagte: »Wer will das schon? Schallplatten auf den Boden werfen und darauf herumtrampeln?« Und dann fügte ich vorsichtig hinzu: »Jonathan, ich glaube, wir beide sind nicht besonders für den technischen Fortschritt geeignet.«
»Aber Liebling, was heißt hier *wir*. Daß du nicht technisch begabt bist, mag ja sein. Aber bei Männern ist das etwas anderes. Ich überlege ernsthaft, ob es nicht an der Zeit ist, einen Heimcomputer anzuschaffen. Unser Freund Max hat einen. Mit dem kann er in vier Minuten einen Brief 350mal schreiben.«
»Toll«, sagte ich. »Aber du schreibst doch nie Briefe, geschweige denn 350 auf einmal.«
»Du hast recht«, sagte Jonathan traurig. Und dann: »Weißt du, was uns wirklich fehlt?«
»Ich weiß«, sagte ich und legte meinen Kopf an seinen Jackenärmel. »Was uns fehlt, ist ein Hund wie Basko.«

Jonathan ist falsch angezogen

Jonathan hat keine Ahnung vom Kofferpacken. Trotzdem mischt er sich neuerdings ein, wenn ich versuche, ein paar Gepäckstücke mit den allernotwendigsten Gegenständen zu füllen.
Er äußert Dinge wie: »Nimm bloß nicht zu viel mit. Du weißt doch, daß ich im Urlaub immer dieselbe Hose trage«, oder: »Ich hasse es, Sachen, die man nicht benutzt, durch fremde Städte zu schleppen«, oder: »Denk doch bitte an den handgewebten Teppich, den Satz Keramikteller, die Salatschüssel aus Ahornholz und die paar kleineren Antiquitäten, die du bei der Rückfahrt zweifellos ins Gepäck quetschen mußt. – Ach ja, und würdest du diesmal bitte meinen Bademantel nicht vergessen, und von den Büchern am Nachttisch hätte ich gerne die obersten fünf dabei.«
Ich bleibe ganz ruhig und erinnere Jonathan daran, daß ich in frühen Ehejahren, als er noch als rasender Reporter den Erdball umrundete, sein Gepäck blitzschnell auf telephonischen Abruf zusammenstellte.
»Weißt du's noch? Du hast gesagt: ›Mein Flugzeug geht um 4 Uhr 15.‹ Ich hab gefragt: ›Klein,

mittel oder groß?‹ Das bedeutete drei Tage (London oder Rom), eine Woche (Grönland oder Algerien) oder länger (Mexiko oder Indien). Kurz darauf bist du zur Tür hereingestürzt, hast unbesehen dein Gepäck an dich genommen, und weg warst du. Du hattest – glaub ich – immer das richtige dabei.«

»Fast immer. Nur damals in Kalkutta, als mir der Boy mit dem Early-Morning-Tee am ersten Tag meine Brille zertreten hat, da hätte ich eine Reservebrille gebraucht. Na ja, und die Geschichte mit dem Papst. Aber da denk ich lieber gar nicht dran.«

»Was war mit dem Papst?« erkundigt sich Michi interessiert.

»Du hörst doch, Jonathan denkt da lieber gar nicht dran«, sage ich und erkläre: »Das war damals, als der Papst nach Boston flog – er fliegt doch so gern durch die Welt –, da sollte Jonathan eine große Hintergrundgeschichte schreiben, aber er kriegte keinen Platz mehr in der Papstmaschine, sondern mußte eine andere nehmen, die eine Viertelstunde früher ankam. Natürlich war der ganze Flugplatz abgesperrt und mit roten Gittern zugestellt, aber Jonathan sieht nur, daß sich die Papstmaschine langsam aufs Rollfeld senkt und rennt los, mitten durch die Absperrung, seinen kleinen hellblauen Koffer fest in der Hand. Hinter ihm rennen brüllend drei Sicherheitsbeamte her, weil die denken, er sei ein Attentäter, und fünfzig Meter vor dem roten Teppich erwischen sie Jonathan und –«

»Und?« fragt Michi atemlos.

»Nichts«, winkt Jonathan ab. »Sie haben mir meinen kleinen blauen Koffer entrissen und darauf bestanden, daß ich ihn aufmache. Sie wühlten wie verrückt nach einer Bombe oder einer Pistole, aber da war fast nur Unterwäsche drin – du weißt ja, wie deine Mutter auf diesem Gebiet ist. Also, sie streuen meine gesamte Unterwäsche auf den Boden, gebrauchte und ungebrauchte.«

»Und plötzlich kommt ein Windstoß«, fahre ich fröhlich fort, »und während der Papst den Boden Bostons küßt, jagt Jonathan mit drei Sicherheitsbeamten hinter lauter wehenden Slips und Unterhemden her.«

»O Mann, wie peinlich. Sind dir noch mehr solche Sachen passiert?« ruft Michi animiert. Er kennt aus Jonathans frühen Reporterjahren vorwiegend Erzählungen, in denen Jonathan ganz groß rauskommt, als Rächer der Verfolgten oder Entdecker dunkler Machenschaften sowie liebreizender, hilfloser Jungschauspielerinnen.

»O Mann, das muß ich Kiki erzählen«, ruft Michi und läßt die Tür hinter sich ins Schloß fallen.

»Wer ist Kiki?« fragt Jonathan.

»Sitzt neben Michi im Latein-Leistungskurs«, erkläre ich. »Schreibt einen Fünfer nach dem ande-

ren. Sieht aber süß aus, rote Locken, Sommersprossen. Michi gibt ihr ab und zu Nachhilfe.«
»Hat er nicht einer schwarzhaarigen Claudia Nachhilfe gegeben? In Mathe?« erkundigt sich Jonathan zerstreut.
»Das war Christian«, berichtige ich ihn. »Aber nicht er hat ihr, sie hat ihm Mathe erklärt.«
»Merkwürdig, was die heute alles miteinander machen«, murmelt Jonathan. »Aber was ich eigentlich sagen wollte: Nimm bloß nicht zu viel mit, wenn du für den Skiurlaub packst. Daß du Michi die Sache mit dem Papst erzählt hast, war ziemlich überflüssig«, fügt er dann hinzu. »Der ist imstande und erzählt sie tatsächlich Kiki.«
Skiurlaub, denke ich. Herrlich. Eigentlich schade, daß wir ihn nicht in unserem kleinen altmodischen Hotel verbringen wie sonst immer. Jonathan hatte es entdeckt, als wir vor vielen Jahren beschlossen, auch einmal nach St. Moritz zu fahren, obgleich wir uns ein so luxuriöses Ziel eigentlich nicht leisten konnten. Er steuerte unseren rostigen, eingedellten Fiat in kühnem Bogen auf den Hauptplatz der Stadt, auf dem Damen und Herren in bodenlangen Pelzen flanierten wie im Film, bremste an der Seite eines silbern schimmernden Rolls-Royce, drehte das Fenster herunter und fragte den Verkehrspolizisten: »Können Sie uns sagen, wo wir hier eine preiswerte, kleine Pension finden?«

Der Polizist schaute Jonathan an, als habe er ihn auf Suaheli angeredet. Dann legte er seine Stirne unter dem Mützenschild in Falten und sah aus wie Emil in einer Polizistenrolle, in der er nachdenkt. »Eine kleine, billige Pension hier in St. Moritz – das ist nicht gerade einfach, mein Herr«, sprach er sehr langsam und mit vielen kehligen ›ch's‹ in der Stimme. Genau wie Emil. Dann ging ein Leuchten über sein Gesicht: »Also, wenn Sie keine großen Ansprüche stellen, dann fahren Sie hinunter nach Moritz Bad. Ganz am Ende, da hat es ein Haus mit vielen Erkern und Türmchen und einer Fahnenstange am Dach – da können Sie billig unterkommen, und das Essen – so hört man – ist ausgezeichnet.«

Seitdem lieben wir unser kleines, altmodisches Hotel. Im Vestibül stehen Polstersessel, deren Kopf- und Armlehnen in undefinierbaren Farben schillern und in die man tief einsinkt, bevor man endlich auf einer ächzenden Sprungfeder gelandet ist. Auf dem Pult vor der halbdunklen Nische, in der der Hausdiener sitzt, stapeln sich zerfledderte Zeitschriften längst vergangener Jahre. Über ein paar Stufen gelangt man durch eine Glastüre in den Salon, wo Stehlampen weiche goldene Inseln aus dem staubigen Dämmerlicht hervorholen. Dahinter der Speisesaal: holzgetäfelt, die hohen Sprossenfenster mit weißen Spitzenstores verhängt, blütenweiß und steif gebügelt die

Tischtücher, die Servietten, die Schürzen und Häubchen der Saaltöchter. Der Besitzer des Hotels, ein schlanker, gebeugter Herr mit wettergegerbtem Gesicht und glatt zurückgekämmtem grauen Haar schenkt jeden Abend selbst die Suppe aus und dreht nach dem zweiten Gang ein uraltes Radiogerät an, damit seine Gäste den Wetterbericht hören können.

Von den Zimmern ist nur zu sagen, daß die Betten knarzen, die falschen Perserbrücken abgetreten sind und der Dielenboden blitzblank gewienert ist. In den Kloschüsseln blühen blaue Blumen, deren Porzellanschimmer unter Zentnern von Scheuersand im Lauf der Jahrzehnte stumpf geworden ist. Außerdem gibt es nur ein Klo auf der halben Treppe für jeweils vier Zimmer. Nein, modernen Komfort findet man nicht in unserem altmodischen kleinen Hotel. Aber wir lieben es und kehren Jahr für Jahr dorthin zurück.

Manchmal gehen wir in St. Moritz abends am Palace-Hotel vorbei, in dem Gunther Sachs einen Turm bewohnt, oder am Kulm-Hotel oder einem der vielen anderen berühmten Luxushotels. Dann seufzt Jonathan gelegentlich: »Es wär schon reizvoll, einmal in so einem Palast zu wohnen.«

Ich lache ihn aus und sage: »Ach, Jonathan, wir haben doch beide auf unseren Reportagereisen ständig in Luxusschuppen gewohnt. Von Kairo bis Helsinki, von Washington bis Moskau.«

»Aber nicht in St. Moritz«, beharrt Jonathan. »Und immer nur zwischen zwei Flugzeugen und dem nächsten Termin. Ich jedenfalls hatte nie Zeit, den Luxus solcher Hotels zu genießen. Rein ins Zimmer, unter die Dusche, raus aus dem Zimmer, runter in die Imbißbar und los mit dem Leihwagen zum Interview. So war das bei mir. Bei dir nicht?«
»Klar, genauso«, sage ich, und denke: Aber dazwischen gab's doch Pausen. In einer sternenüberglitzerten Bar am Blauen Nil zum Beispiel, auf einer Terrasse am Rand der marokkanischen Wüste, wo Kellner in langen weißen Gewändern geheimnisvolle Speisen servierten. An einem Swimming-pool in Rio zwischen duftenden Tropenpflanzen, in einem gotischen Burgzimmer hoch im Norden, auf dessen viel zu großes Himmelbett die Mitternachtssonne schien.
»Was denkst du?« erkundigt sich Jonathan.
»Ich denke, wie schade es ist, daß man auf Reportage-Reisen nie Zeit für Pausen hat«, sage ich.
»Eben«, erklärt Jonathan befriedigt. »Eben deshalb sollten wir einmal in einem Viersterne-Hotel Skiurlaub machen. Es müssen ja nicht gleich fünf sein«, fügt er hinzu und räuspert sich.
Vor dem Einschlafen kuschle ich mich an Jonathans Schulter. Die Matratze knarzt entsetzlich.
»Ich finde es hier so gemütlich«, sage ich. »Warum müssen wir das nächste Jahr unbedingt in ein Luxus-Hotel?«

Jonathan brummelt Unverständliches.
»Ich meine nur«, fange ich nochmals an und kraule ihm ein bißchen die Brusthaare. »Mir wirfst du ständig vor, daß ich kein realistisches Verhältnis zum Geld habe und es sinnlos zum Fenster hinausschmeiße – was natürlich nicht stimmt, sondern aufgrund tragischer, nicht vorhersehbarer Zwischenfälle nur so aussieht. Und du möchtest plötzlich zum Skifahren in ein Fünfsterne-Hotel. Ich glaube, du hieltest es seelisch gar nicht aus, soviel Geld auszugeben.«
»Spotte nur über meine Sparsamkeit«, seufzt Jonathan wohlig. »Wer weiß, wo du dich obdachlos mit deinen Söhnen herumtreiben würdest, wenn ich das Geld nicht zusammenhielte.«
»Ich finde es ja in Ordnung, daß du dein Geld zusammenhältst«, stimme ich Jonathan zu. »Aber es wäre viel netter, wenn du meines nicht auch zusammenhieltest. Ich mag nicht jedesmal ein schlechtes Gewissen bekommen, wenn ich uns eine neue Couch oder ein im Preis stark herabgesetztes Modellkostüm kaufe.«
»Also, das Modellkostüm hast du nicht für uns, sondern eindeutig für dich gekauft«, sagt Jonathan. »Und ich finde, der Rock ist ziemlich kurz. Jedenfalls haben dich auf dem Empfang neulich alle männlichen Gäste ganz erschrocken angeschaut.«
»Was heißt erschrocken! Die haben mich erfreut

angeschaut. Du bist kein Psychologe, Jonathan«, sage ich ins Dunkle hinein. Und nach einer Weile: »Aber die weiße Ledercouch, die habe ich für uns gekauft.«

»Leider«, seufzt Jonathan. »Auf der alten Couch hat man überhaupt keine schwarzen Fingerabdrücke gesehen.«

»Natürlich nicht, bei dieser schrecklichen, düsteren Farbe. Aber sie waren drauf, glaub mir. Du liest deine Sonntagszeitungen nun einmal am liebsten druckfrisch. Die Fingerabdrücke müssen sich – wenngleich unsichtbar – zu Tausenden übereinander gestapelt haben.«

»Mich haben sie nie gestört«, sagt Jonathan.

»Mich schon. Mich stören sie auch auf der neuen Couch.«

»Wollten wir uns nicht über einen Skiurlaub im Luxushotel unterhalten?« erkundigt sich Jonathan schlaftrunken.

»Wollten wir?«

»Stell dir vor: ein geräumiges Zimmer mit Bad, mit Betten, die nicht knarzen, und keine Blumenmuster in der Kloschüssel«, sagt er undeutlich.

»Die stören mich nun wieder nicht«, bemerke ich.

»Du siehst sie ja auch seltener«, murmelt Jonathan undeutlich.

»Wieso?«

»Frage der Anatomie«, läßt er mich wissen. »Männer pinkeln anders« – und schläft ein.

Vier Wochen vor Weihnachten wirft Jonathan mit großer Geste einen Prospekt auf den Tisch. »Sieh dir das an. Sportwochen im Palm-Hotel in St. Moritz. Sensationeller Siebentage-Pauschalpreis. Wedelkurs eingeschlossen. Was hältst du davon?«

Ich fange an zu kichern.

»Was gibt's da zu lachen?« fragt Jonathan.

»Entschuldige, ich bin kindisch«, gluckse ich und suche nach einem Taschentuch. »Es muß das Wort ›wedeln‹ gewesen sein. Ich kann mir dich irgendwie nicht wedelnd vorstellen. Ich glaube, jemand, der so groß ist wie du und 86 Kilo wiegt, wedelt einfach schwerer.«

»Also mein Gewicht ist absolut in Ordnung«, sagt Jonathan, tritt vor den Spiegel und drückt die Schultern zurück. »Ich wirke nur so imponierend, weil ich über 1,80 bin.« Er zieht den Bauch ein, spannt den Oberkörper noch mehr an und betrachtet sich wohlgefällig. »Außerdem kann man in letzter Zeit überall lesen, daß man sein Normalgewicht durchaus um zehn oder 15 Prozent überziehen darf. Warum soll man damit nicht wedeln können?«

»Ach, Jonathan, ich finde es wunderbar, daß du mir zuliebe angefangen hast, skizufahren«, sage ich liebevoll. »Und du fährst ja auch irrsinnig tapfer und schnell und kommst überall runter, nur deine Haltung ist – na ja, du weißt schon, irgendwie unkonventionell. Christian und Michi sagen immer: ›Den Papa erkennt man schon ganz weit oben am Hang, weil er die Stöcke so weit nach vorne streckt.‹ Ich finde, das spielt überhaupt keine Rolle. Aber ich glaube, für einen Wedelkurs ist es bei dir zu spät. Weißt du was? Lassen wir den Wedelkurs doch einfach weg. Ich kann's sowieso.«

»Gute Idee«, sagt Jonathan. »Ich hab uns übrigens schon im Palm-Hotel angemeldet. Es zählt zu den elegantesten in Moritz.«

»Toll«, sage ich. »Hoffentlich sind wir dieser Eleganz garderobemäßig gewachsen.«

»Mach dir bloß keine Sorgen«, winkt Jonathan ab. »Ein Kollege war letztes Jahr dort. Er sagt, in der Vorsaison geht's im Palm-Hotel ganz leger zu. Quasi wie auf einer besseren Skihütte. Das sei gerade das Reizvolle.« Und dann sagt er noch: ›Pack bloß nicht zu viel ein. Du weißt, ich hasse es, Sachen, die man nicht benutzt, im Koffer herumzuschleppen.‹«

Jonathan biegt gleichzeitig mit einem schweren Mercedes in die Einfahrt des Palm-Hotels. Um ehrlich zu sein, er hat diesen Mercedes in der letzten Kurve vor dem Ortseingang sportlich im fünften Gang überholt und dabei mit dem Finger an die Stirn getippt. Das muß der Fahrer des Mercedes auf sich bezogen haben, jedenfalls gab er Gas, zog auf der schmalen, schneebedeckten

Straße auf gleiche Höhe, drohte uns mit geballter Faust und kriegte leicht schlitternd im letzten Augenblick die Kurve zur Einfahrt ins Palm-Hotel. »Mußte das sein?« frage ich Jonathan.
»Es mußte«, sagt er schweratmend.
Ein Hausdiener eilt herbei, reicht unsere beiden mittelgroßen, flugerprobten Plastik-Koffer an einen Pagen weiter und fragt diensteifrig: »Darf ich den Herrschaften mit dem Gepäck behilflich sein?«
»Das war's schon«, sagt Jonathan, schwingt die Tasche mit den Büchern und Zeitschriften über die Schulter und macht zwei bis drei weiteren Hausdienern Platz, die aus dem Mercedes neben uns Stöße von Schweinslederkoffern, Tragtaschen, passenden Anzugbehältern und Beautycases schleppen, dazu mehrere Jacken und Mäntel aus langhaarigem Pelz sowie eine Sporttasche und Tennisschläger.
»Vergiß meinen Hansl nicht«, ruft mir Jonathan zu, und ich beuge mich nochmals ins Auto und klemme sein rotweiß kariertes Lieblingskissen unter den Arm, ohne das er nicht im Bett lesen kann.
»Schau mal, die Direktion lädt uns um fünf Uhr zu einem kleinen Empfang in die Kellerbar«, teilt mir Jonathan mit, nachdem ich unsre beiden Koffer ausgepackt habe. Das ging ziemlich rasch. Die eine Kofferhälfte war jeweils von einem Skiover-

all, Handschuhen, Mützen, dicken Socken und sonstigem sportlichem Zubehör ausgefüllt, die andere Hälfte enthielt bei Jonathan: Schlafanzug, Wäsche, Waschbeutel, seine Lieblingsflanellhose, sein grau-grün-beige-anthrazitfarbenes Jakkett, das zu allem paßt, zwei Oberhemden, eine Krawatte und zwei Rollkragenpullis. Bei mir: Schlafanzug, Wäsche, Waschbeutel, einen bunten Bauernrock mit gesteppter Jacke, zwei Blusen, zwei Rollis, ein paar leichte Stiefel und einen weißen Faltenrock, der zu allem paßt. Ach ja, Jonathans alten Frottier-Bademantel hatte ich noch reingequetscht. Er hängt jetzt neben dem flauschigen schneeweißen Frottiermantel, den das Hotel freundlicherweise für seine Gäste bereithielt.
»Ob wir uns zum Begrüßungscocktail umziehen müssen?« frage ich Jonathan.
»Keine Spur, um fünf Uhr nachmittags, ich bitte dich!«
Wir wandern gutgelaunt in Cordjeans und sportlich schicken Pullis, ein – wie ich finde – jugendlich ansprechendes Paar, durch lange, blumen- und kronleuchtergeschmückte Gänge, an deckenhohen Spiegeln und ehrfurchtgebietenden Ahnenporträts vorbei zu einer Treppe in Richtung Bar. Dort sitzen und stehen – man sieht es durch die geöffnete Flügeltür – lauter wunderschöne, tadellos gestylte Menschen, die Frauen zumeist

in dezentem Schwarz mit ein bißchen unauffälligem Goldschmuck, die Herren im Maßanzug mit gepflegtem Schuhwerk – insgesamt ein Bild erwartungsfroher, edler Harmonie.
Wir sind offenbar die letzten. Der Direktor des Hauses – zur Begrüßung an der Tür postiert – schaut uns entgegen, traut seinen Augen nicht, schaut kurz weg und dann wieder in unsere Richtung. Er reicht uns die Hand, ringt sichtlich um Worte und sagte schließlich in vorwurfsvollem Schwyzer Tonfall: »Jetzt so was – Sie hinken ja.«
Womit er recht hat. Jonathan neigt, seit ihm sein Ischiasnerv gelegentlich zu schaffen macht, dazu, das linke Bein ein wenig nachzuziehen. Ich finde das sehr attraktiv und männlich. Er glaubt, es merkt keiner.
Von nun an sind Jonathan und ich sieben Tage lang falsch angezogen. Morgens, mittags und abends. Vor allem abends.
Während alle anderen Gäste in täglich wechselnde Kreationen aus weichem Leder, feinstem Kammgarn, aus Spitze, Seide, Taft oder Cashmere gehüllt sind, kombinieren Jonathan und ich verzweifelt, was unsere Koffer hergeben. Jonathan zum Beispiel seine grau-beige-grün-anthrazitfarbenes Jackett mit seiner Lieblingsflanellhose und entweder einem rotweiß oder einem grünweiß gestreiften Hemd. Ich einen bunten Bauernrock mit der passenden bunten Jacke oder

einen weißen Faltenrock mit derselben bunten Jacke. Ach ja, und mal die eine, mal die andere Bluse. An kühlen Tagen verleihen wir dem Ganzen durch einen Rollkragenpulli eine Art sportlichen Skihütten-Akzent.
Der Hoteldirektor steht jeden Abend am Eingang des Speisesaals und sieht unserem Kommen stumm und gefaßt entgegen.
Am letzten Tag verstauche ich mir bei einem Schwung am Steilhang den Knöchel. Ich lasse mich auf mein rosa Luxusbett plumpsen, das nicht die Spur knarzt, und erkläre Jonathan, der vor mir auf- und abgeht, vielmehr hinkt, denn sein Ischiasanfall erweist sich diesmal als besonders ausdauernd: »Zu dem Candlelight-Dinner heute abend kriegst du mich nicht.«
»Warum nicht?« fragt Jonathan besorgt. »Hast du Schmerzen? Hast du keinen Appetit? Also, ich habe einen Bärenhunger. Es soll Lachs, indischen Geflügelsalat, gefüllte Täubchen auf Blattspinat, Wild mit Birne sowie Preiselbeeren und ein märchenhaftes Nachspeisenbüfett geben.«
»Bitte, sei still, mir ist ganz schlecht vor Hunger«, stöhne ich. »Aber ich bringe es einfach nicht über mich, wieder im weißen Faltenrock mit nicht mehr ganz frischer Bluse und bunter Jacke durch den Speisesaal zu trapsen. Die haben heute sicher alle Abendroben an. Wenn du es schaffst, in deinem beige-grün-grau-anthrazitfarbenen Jackett

an einem Candlelight-Dinner teilzunehmen – bitte! Ich halte dich nicht. Du hattest schon immer den stärkeren Charakter.«

»Ohne dich gehe ich auf keinen Fall hin«, erklärt Jonathan heldenhaft. »Obgleich ich mein Jackett gar nicht soooo scheußlich finde. Aber vielleicht tut es uns ganz gut, einmal eine Mahlzeit ausfallen zu lassen. Die Waage hier geht sowieso ganz anders als die zu Hause. Die zeigt ständig 88 bis 89 Kilo an.«

Er nimmt ein Buch. Ich nehme ein Buch. Wir lesen. Um 19 Uhr 30 gibt Jonathans Magen so jämmerliche Jaul- und Knurrgeräusche von sich, daß ich mich nicht mehr konzentrieren kann. Zwischen den Zeilen sehe ich ständig rosa Lachsscheiben und gefüllte Täubchen auf- und abschweben. Um 19 Uhr 55 erheben wir uns. Ich schlüpfe in den weißen Faltenrock, Jonathan zieht sein grau-grün-beige-anthrazitfarbenes Jackett über. Wir sehen – nehmt alles nur in allem – eigentlich recht gut aus.

Auf dem Weg zum Speisesaal hake ich mich bei Jonathan ein, weil mein Knöchel weher tut, als ich es zugeben will. Wir gehen langsam den endlosen Gang entlang. Um uns her eilen Paare in Smoking und Abendkleid zum Dinner. Eine Dame in bauschiger, feuerroter Tüllrobe überholt uns. Jonathan tritt ihr mit den Stiefeln auf den Rocksaum. Sie lächelt verzeihend.

An der Tür zum Speisesaal steht der Direktor des Hauses. Er schaut uns entgegen. Seine Augenbrauen heben sich in ungläubigem Staunen. Ich schleppe mich mit letzter Kraft an Jonathans Arm auf ihn zu. Er will eine passende Bemerkung machen, ringt sichtlich um Worte, neigt sich lächelnd einem vorüberschwebenden Paar in Dinnerjackett und Paillettenkleid zu, wendet sich wieder zu uns, genauer gesagt zu mir, umfaßt mißbilligend die ihm vertraute modische Erscheinung vom nicht mehr ganz frischen Blusenkragen über den weißen Faltenrock bis zur bunten Steppjacke und den Wildlederstiefeln, schluckt, räuspert sich und sagt schließlich in vorwurfsvollem Schwyzer Tonfall: »Jetzt hinken Sie ja auch noch.«

Seither überläßt mir Jonathan das Kofferpacken wieder, ohne sich einzumischen. Nur neulich, als ich für ein Wander-Wochenende in Südtirol packte und Jonathans abendlichen Seidenanzug mit dem roseefarbenen Hemd und passender Fliege wieder aus der Tasche nahm und gegen eine regenfeste Windjacke austauschte, blieb er sinnend stehen und sagte: »Ich verstehe nichts vom Kofferpacken, wie du weißt. Aber ich hoffe, du hast dir das mit dem Abendanzug genau überlegt.«

Jonathan weiß alles

Jonathan besitzt ein Gedächtnis, das ihn so gut wie nie im Stich läßt. Ich besitze ein Gedächtnis, das nicht der Rede wert ist.
Jonathan glaubt, man könne das Gedächtnis trainieren. Ich habe es versucht. Aber es nützt nichts.
Jonathan glaubt, das kommt davon, weil ich mich nicht genügend konzentriere. Ich glaube, daß es ziemlich schwierig ist, sich zu konzentrieren, wenn man immer an ungefähr fünf Sachen gleichzeitig denken muß.
Zum Beispiel daran, ob der Gemüseladen noch offen hat – daß Jonathans Nußschokolade fehlt – daß Michi den Zahnarzttermin verlegen muß – daß ich Christians Englisch-Essay korrigieren soll – daß die Wäsche in der Maschine schon seit einer Stunde fertig ist – daß ich Zirkuskarten für meine Mutter besorgen wollte – daß die Hecke seit drei Wochen geschnitten gehört – daß Tante Mimi irgendwann in diesen Tagen 80 wird (oder womöglich 81, das wäre eine Katastrophe, dann hätten wir den Achtzigsten verpaßt) – und daß ich für meinen Artikel zum Thema »Frauen unter Streß« einen neuen Anfang brauche. Obgleich er

eigentlich schon gestern per Eilboten hätte weggehen sollen.

Jonathan findet, er habe auch viel um die Ohren und vergesse trotzdem nichts. Ich finde, mit zwei Sekretärinnen im Vorzimmer, einem Terminkalender und einem Büro, dessen Tür man hinter sich zumachen kann, sei das viel einfacher. Außerdem habe er nun einmal – wie jedermann wisse – dieses wundervoll funktionierende Gedächtnis.

Jonathan und ich bummeln durch Paris. Hinter dem Garten des Palais Royal biegt er plötzlich links ab, folgt einer kleinen, gesichtslosen Straße, bleibt stehen, biegt nach rechts, schaut sich nach allen Seiten um und nimmt wieder seine Spur auf. Er erinnert ein bißchen an einen schnüffelnden Hund.

Ich sage: »Jonathan, wir wollten doch nach rechts gehen, die Galerie Vivienne anschauen und dann zu den neugebauten Hallen, die alle so scheußlich finden.«

»Ich komme gleich. Laß mich nur noch um die nächste Ecke schauen, da muß das kleine Hotel liegen, in dem wir bei unserem ersten Parisaufenthalt vor vierzehn oder fünfzehn Jahren gewohnt haben«, antwortet Jonathan.

»Jonathan, das kann nicht sein«, erkläre ich fröhlich. »Ich war noch nie in meinem Leben in diesem Stadtviertel. Drum hab ich ja auch den Park

des Palais Royal nicht gekannt. Wie schön, daß wir den endlich entdeckt haben. Ich liebe ihn.«
»Schade«, murmelte Jonathan abwesend. »Der kleine Platz mit dem Hotel muß ganz in der Nähe liegen. Wir hatten ein Mansardenzimmer. Winzig und billig, aber sehr romantisch. Und auf dem Platz stand ein Brunnen mit drei nackten Nymphen, über die du dauernd gekichert hast.«
»Jonathan, ich bitte dich! Drei nackte Nymphen und ein romantisches Mansardenzimmer, davon würde ich doch auch etwas wissen«, sagte ich mit leichter Ungeduld in der Stimme. »Da mußt du etwas verwechseln. Vermutlich hast du mit jemand anderem dort gewohnt.«
Nach drei herrlichen Frühlingstagen in Paris kommen wir nach Hause. Jonathan greift nach einem unserer Photoalben, blättert ein bißchen darin herum und hält mir eine aufgeschlagene Seite vor die Nase. Auf einem verblichenen Schwarzweißphoto steht eine kleine Person in absurd hohen Stöckelschuhen und deutet auf drei nackte steinerne Nymphen, die ein Brunnenbecken überragen. Darunter steht in meiner Handschrift: Unser Hotel in Paris gleich hinterm Palais Royal mit seinem wundervollen Park.
Die Person in den Stöckelschuhen bin ich. Man kann nichts dagegen machen. Jonathan hat ein gutes Gedächtnis. Ich nicht. Jonathan weiß alles. Ich nicht.

Er weiß zum Beispiel, wie lange Goethe gelebt hat, wann Mozart gestorben ist und wie viele Frauen in welcher Reihenfolge Picasso hatte. Er weiß, wer das elektrische Licht erfunden hat, wann Amerika in den Zweiten Weltkrieg eingetreten ist, wie man in der Stoßzeit mit dem Auto am besten zum Sendlingertorplatz kommt und was in »Dr. Faustus« von Thomas Mann wirklich drinsteht. Wenigstens in groben Zügen.

Ich habe das alles auch einmal gewußt. Nehme ich an. Genau weiß ich nicht, ob ich es gewußt habe. Daran ist mein schlechtes Gedächtnis schuld.

Das war schon immer schlecht. Ich erinnere mich an einen Sommernachmittag im Garten meines Elternhauses. Ich sitze mit meiner Mutter am Kaffeetisch unterm Birnbaum und bin schrecklich nervös. Ich war am Abend zuvor auf einem Sommerfest und habe immer wieder mit einem blonden Studenten der Mathematik getanzt. Er gefiel mir nicht übermäßig gut, aber er tanzte hervorragend, und als er fragte, ob er mich am nächsten Nachmittag besuchen dürfe, sagte ich ja.

Um halb vier wollte er dasein. Jetzt ist es Viertel nach drei. Ich bin nervös.

»Du mußt doch ungefähr wissen, wie er aussieht«, dringt meine Mutter in mich.

»Nein. Es tut mir leid. Ich erinnere mich einfach nicht.«

»Also war er blond oder eher dunkel?«
»Keine Ahnung.«
Meine Mutter seufzt. Hinter der niederen Gartenmauer sieht man Passanten vorbeigehen. Wir wohnen an einer belebten Straße.
»Jetzt kommt ein junger Mann auf die Gartentür zu. Kann's der sein?« fragt meine Mutter.
»Ich glaub, ja. Mein Gott, jetzt hab ich auch noch vergessen, wie er heißt. Helmut oder Herbert oder so ähnlich.«
Der junge Mann geht vorbei. Zwei weitere ebenso.
»Einen Hut wie der da drüben wird er ja wohl nicht aufhaben«, sagt meine Mutter.
»Möglich ist alles«, sage ich und verwünsche innerlich die ganze Verabredung, die nur peinlich werden kann und die mich überhaupt nicht mehr interessiert. Zum Kaffee nach Hause kommen! Was denkt sich dieser Helmut oder Herbert eigentlich? Wir leben doch nicht im 19. Jahrhundert!
Es klingelt. Heftig und ausdauernd. Zwei blasse Jünglinge mit Aktentaschen unterm Arm stehen vor der Tür.
»Um Gottes willen, die kenn ich, das sind Zeugen Jehovas«, flüstert meine Mutter, erhebt sich, geht festen Schrittes den Kiesweg entlang aufs Gartentor zu und sagt energisch: »Meine Herren, Sie brauchen sich nicht zu bemühen. Wir sind ein ka-

tholischer Haushalt und an Besuchen irgendwelcher Art nicht interessiert.«

Es waren natürlich keine Zeugen Jehovas, sondern mein Verehrer vom Vorabend und ein Freund, den er gebeten hatte mitzukommen. Als seelische Unterstützung sozusagen.

Der Brief, den ich am nächsten Tag bekam, war von schneidender Kälte. Meine Mutter sagte, es sei ihr unendlich peinlich, sie habe nun einmal ein entsetzlich schlechtes Personengedächtnis. Das müsse in der Familie liegen.

Wie gut, daß ich meist Jonathan an der Seite habe, wenn ich mich zu größeren Menschenansammlungen begebe.

»Der Mensch mit den langen Haaren da drüben zwinkert mir andauernd zu. Ich finde das sehr merkwürdig«, sage ich halblaut zu Jonathan.

»Das ist der Lektor, der dein letztes Buch bearbeitet hat«, teilt mir Jonathan mit. »Bei dem italienischen Abendessen vorige Woche saß er links neben dir, und ihr habt euch äußerst angeregt unterhalten.«

»Mein Gott, wie peinlich. Ich erinnere mich. – Herr Dr. Müller«, rufe ich und steuere auf ihn zu.

»Meyer, Dr. Meyer«, zischt Jonathan hinter mir her. Zu spät.

Glücklicherweise scheint es anderen Menschen ähnlich zu gehen. Neulich waren wir zum Ge-

burtstag einer bekannten Bestsellerautorin eingeladen. Jonathan kennt sie ziemlich gut, und auch ich habe mehrere Abende und sogar eine längere Dampfschiffahrt an ihrer Seite erlebt.
Wir reihen uns in die Schlange der Gäste ein. Jonathan begrüßt die berühmte Autorin und gratuliert ihr. Ich begrüße die berühmte Autorin und gratuliere ihr. Sie blickt mich ratlos an, dann verklärt ein seliges Lächeln ihr Gesicht: »Liebste Maria-Monika«, ruft sie und preßt meine Hand an ihren Busen. »Ich danke dir für deinen wundervollen Brief. Er hat mich von allen Geschenken am meisten erfreut.«
»O bitte, gern geschehen«, stammle ich und überlege seither, wer Maria-Monika sein könnte und was wohl in dem wundervollen Brief drinstand.
Auf demselben Fest kam mehrmals eine entzückende ältere Dame auf mich zu, streckte mir die Hand entgegen und sagte: »Traller ist mein Name. Ich bin Literaturagentin und erkenne nie jemanden wieder. Deshalb gehe ich einfach auf jeden zu und sage, Traller ist mein Name, und wer sind Sie?«
»Das mache ich genauso«, erwidere ich.
»Ach, wie schön. Dann finden Sie sicher auch, daß das die beste Lösung ist?«
»Ja, absolut die beste Lösung«, bestätigte ich. »Man muß nur aufpassen, daß man es nicht öfter zur selben Person sagt, sonst wird es peinlich.«

»Richtig«, strahlte sie mich an. »Übrigens, Traller ist mein Name. Ich bin Literaturagentin, und wer sind Sie?«

Vor vier Wochen flog ich wegen eines Interviews nach London. Es mußte wie immer alles sehr schnell gehen. Trotzdem nahm ich mir die Zeit, mit der U-Bahn nach Hampstead zu fahren und das alte Haus zu besuchen, in dem wir früher einmal zwei Jahre lang mit lauter netten Leuten gewohnt hatten. Es war wie immer: Ich bog in eine der verträumten Straßen mit den altmodischen roten Ziegelhäusern ein, die nach Norden führte, und kam irgendwo tief im Südwesten in einer mir gänzlich unbekannten Gegend heraus. Ich weiß nicht, warum sich logisch geplante Abkürzungen unter meinen Füßen grundsätzlich in gigantische Umwege verwandeln.

Vor allem in Hampstead. Jonathan meint, das habe mit meinem Ortsgedächtnis zu tun, und das sei angeboren, da könne man nichts machen.

Immerhin kam ich auf diese Weise an der Villa von Dr. Barleigh vorbei. Das war der liebenswürdige ungarische Zahnarzt, der vor Jahren besorgt in meinen Zähnen herumgestochert und mir mitgeteilt hatte, daß alle meine Porzellanfüllungen unbedingt durch Gold-Inlays ersetzt werden sollten.

»Was kostet das?« lallte ich weit geöffneten Mundes.

Er nannte mir eine erstaunlich niedrige Summe. In Guineas natürlich. Das war damals, als sich England noch nicht dem europäischen Dezimalsystem angeschlossen hatte, in vornehmen Arztpraxen und Läden üblich. Glücklicherweise hatte mir Jonathan mit gewohnter Gründlichkeit die mathematischen Zusammenhänge zwischen Mark, Shilling, Pfund und Guinea auseinandergesetzt. Ich nickte meine Zustimmung, und Dr. Barleigh begann zu bohren.

Leider hatte ich irgendeine entscheidende Kommastelle vergessen. Die vielen schönen Gold-Inlays kosteten nicht 60 Mark pro Stück, wie ich errechnet und Jonathan stolz verkündet hatte, sondern 600 Mark. Manchmal wünschte ich, Jonathan würde mir nicht alles sagen, was er weiß. Wenigstens nicht gleich.

Es war spät geworden in Hampstead. In zwei Stunden mußte ich den netten, wildgelockten Photographen treffen, der über den Leuten, die er photographieren sollte, immer so lange silberne und weiße Schirme aufspannt, bis diese zwar wunderbar ausgeleuchtet, aber völlig verkrampft und steif wie Holzpuppen ins Objektiv starren.

Ich werde ganz bestimmt pünktlich sein, nahm ich mir vor und hastete durch die Oxfordstreet zu »Selfridges«, dem riesigen Kaufhaus, in dem ich zwei Jahre lang Wäsche und Pullover für zwei rasch wachsende Söhne erstanden hatte. Ich streifte, von Erinnerung übermannt, durch die Modeabteilung im Parterre, wählte in rasender Eile ein paar Hosen, ein Kostüm und mehrere Blusen aus, probierte sie an, stellte fest, daß sie nicht paßten, sah auf die Uhr und stürzte hinaus auf die Straße.

Es hatte zu regnen begonnen. Ich öffnete meinen Schirm und rannte los. Da legte sich von hinten eine schwere Hand auf meine Schulter, und eine männliche Stimme erkundigte sich, was ich mit den beiden Leinenhosen vorhätte. Ich blieb verwirrt stehen und fragte: »Welche Leinenhosen?«

»Diese hier«, sagte der Herr in korrektem Grau und deutete auf meinen linken angewinkelten Unterarm.

Ich schaute ungläubig an mir herab. Tatsächlich – da hingen zwei Leinenhosen über meinem Arm. Eine braun, eine maisgelb, die Preisschilder gut sichtbar befestigt. Ich hatte vergessen, sie an den Ständer zurückzuhängen.

Die nächste halbe Stunde war ein Alptraum. Ich erklärte einem ernst blickenden Gremium würdevoller Damen und Herren in einer Sprache, von der ich dachte, ich beherrsche sie einigermaßen, daß ich keine Kaufhausdiebin sei, sondern eine, wenngleich etwas gestreßte und in großer Eile befindliche Journalistin, die gleich einen Londoner Kollegen treffen müsse. Ich nannte den ernsten

Damen und Herren den Namen meiner Zeitung, von der sie nie gehört hatten, mein Hotel, die Abflugzeit meiner Maschine, meine heimische Adresse.
Sie nickten höflich und fanden, dies alles habe nichts damit zu tun, daß ich, wie jedermann sehen konnte, zwei Leinenhosen gestohlen habe. .
»Aber die sind mir doch viel zu eng«, rief ich verzweifelt.
Das spiele erfahrungsgemäß bei Diebstählen dieser Art keine Rolle.
»Und warum sollte ich Hosen, die ich stehlen wollte, offen und ohne jede Tarnung durch die Oxford Street tragen?«
Dieses Argument war von so schlagender Logik, daß es jeden vernünftigen Menschen überzeugen mußte.
Gestohlene Ware nicht zu verstecken sei ein neuerdings besonders häufig angewendeter Trick, erklärte man mir.
Ich weiß nicht mehr, wie es mir gelungen ist, die Direktion von Selfridges endlich doch noch davon zu überzeugen, daß ich keine Ladendiebin, sondern nur eine bedauernswert vergeßliche Person sei. Vermutlich hielten sie mich einfach für eine Wahnsinnige vom Festland und wollten sich Ärger ersparen.
Jonathan habe ich nichts davon erzählt. Er findet, mein Gedächtnis sei in letzter Zeit besser gewor-

den. Ich hätte immer häufiger die Theaterkarten dabei, wenn wir uns in den Kammerspielen treffen. Statistisch gesehen überwögen die Fälle bereits, in denen ich *mit* anstatt *ohne* Reisepaß unterwegs sei.

Ich liebe Jonathan. Trotzdem fand ich überflüssig, was er vorgestern auf einer Party zu einem fremden Mann sagte. Er sagte: »Nehmen Sie's nicht tragisch, wenn meine Frau Sie nicht erkennt. Ich bin schon froh, wenn sie noch weiß, wer ich bin.«

»Gut«, erkläre ich abends, als er endlich die Kassette mit der zweiten Halbzeit Bayern München – Hamburger SV eingelegt hatte. »Dieser fremde Mann neben dir, das war ein alter Kollege von mir aus frühen Tageszeitungsjahren. Gut, er hat fast alle Photos zu meinen Interviews gemacht, und wir sind ständig in seinem alten, klapprigen Auto herumgefahren. Aber warum trägt er plötzlich einen weißen Stoppelbart und ein so seltsam loses Hemd? Da kann er einfach nicht erwarten, daß man draufkommt, wer er ist. Jedenfalls war deine Bemerkung, daß es ein Glücksfall sei, wenn ich dich wiedererkenne, ausgesprochen überflüssig und unfair.«

»Nimm's nicht so tragisch«, sagt Jonathan und legt den Arm um mich, während Thon wieder einmal ans Außennetz schießt. »Das war doch nur Spaß.«

»Klar«, erwidere ich und denke an einen Abend in Kitzbühel.

Jonathan und ich saßen angenehm ermattet im Auto und quälten uns vom Parkplatz am Hahnenkamm im Schneckentempo durch die Hauptstraße des Ortes. Es war fünf Uhr, Après-Ski-Zeit. In der »Tenne« drängten sich die Gäste auf der Glasveranda zum Tee, die bunten Giebel der Häuser leuchteten matt in der Abenddämmerung, die Autos standen Stoßstange an Stoßstange.

Kurz vor der Tordurchfahrt bei der Skischule sagte Jonathan: »Steig doch bitte schnell aus und schau, ob du noch eine Süddeutsche Zeitung kriegst.«

Jonathan kann auch im Urlaub nicht ohne seine Zeitung sein. Ich schlurfte in meinen schweren Skistiefeln zwischen zwei Autos quer über die Straße zum Zeitungskiosk. Da standen noch ein paar andere Münchener Skifahrer, die eine Süddeutsche wollten. Schließlich bekam ich die letzte, bezahlte, klemmte sie unter den Arm, schlängelte mich wieder über die Straße, riß die Autotür auf, ließ mich auf den Beifahrersitz fallen, überflog die Schlagzeilen auf der ersten Seite und verhakte mich rechts unten in der Nachtkritik. Das Auto ruckelte zwanzig Zentimeter weiter.

»Also in die neue Dorn-Inszenierung in den Kam-

merspielen sollten wir bald reingehen«, schlug ich vor.
»Einverstanden«, sagte Jonathan.
»Das war übrigens die letzte Süddeutsche, die ich ergattert habe«, teilte ich ihm mit und versuchte umzublättern. »Wir haben wirklich Glück gehabt.«
»Das finde ich auch«, stimmte Jonathan zu und gab Gas und fuhr die nächsten zwanzig Zentimeter.
Aber es war gar nicht Jonathans Stimme, die das sagte. Und es war auch nicht Jonathan, der neben mir saß. Es war vielmehr ein mir völlig unbekannter Skifahrer, der bis über beide Ohren grinste. Ich hatte im Gedränge zwar ein blaues Auto erwischt, aber nicht unseres. Das steckte drei Stoßstangen weiter vorne im Stau.
Wie gut, daß Jonathan nicht alles weiß, denke ich und kraule ihm ein bißchen den Nacken.
War das komisch damals in Kitzbühel, denkt Jonathan. Ich habe nicht für möglich gehalten, daß es so lange dauert, bis sie merkt, daß ich es nicht bin. Dann ruft er heftig: »Und Bayern wird doch Meister! Auch wenn der von Heesen noch ein Tor aus dem Abseits schießt und der Schiedsrichter nichts merkt, weil er offenbar blind ist.«
»Toll, wie der Manni Kaltz dieses Tor eingeleitet hat«, stelle ich fest.

Jonathan schaut vom Bildschirm weg und mich an. »Woher weißt du, daß das der Manni Kaltz war?« fragt er fassungslos.
»Keine Ahnung«, sage ich. »Er kam mir irgendwie bekannt vor.«

Jonathan meistert Krisen

Jonathan liebt Krisen jeder Art. Das würde er nie zugeben, aber jeder kann es sehen. Kaum ballt sich eine Katastrophe am Horizont zusammen, beginnen Jonathans Augen hinter den Brillengläsern zu funkeln, sein Kinn, normalerweise rundlich und gemütlich, reckt sich energisch nach vorn, sein Atem geht hörbar schneller (Michi sagt dann: Der Papa schnauft wie ein Stier!), die Haare stehen ihm zu Berg. Nicht etwa, weil sie sich vor Spannung elektrisch aufladen, sondern weil Jonathan sie lustvoll zerrauft, während er einen Plan entwirft, wie man die drohende Krise sofort und endgültig aus der Welt schafft.
Am liebsten meistert Jonathan Krisen im Auto.
Wir sind zum Fest eines Verlegers in das reizende, altmodische k.-u.-k.-Städtchen Baden bei Wien eingeladen. Die Feste des Verlegers sind weithin berühmt. Diesmal bildet den Auftakt des Programms eine Fahrt in der historischen Straßenbahn, in der Kronprinz Rudolf, bevor er sich in Mayerling erschossen hat, des öfteren von Wien nach Baden reiste.
Ein Jugendstil-Salonwagen soll die prominente-

ren Gäste aufnehmen, die übrigen werden sich in Waggons der zweiten, dritten und vierten Klasse verteilen und »jubelnd« – wie es in der Einladung heißt – über die Stationen Inzersdorf, Vösendorf, Maria Enzersdorf und Leesdorf in einstündiger Fahrt nach Baden gelangen. Dort steht im Helenental das Hotel Sacher, hier soll das Fest seinen eigentlichen Anfang und Fortgang nehmen. Die von auswärts herbeigeströmten Gäste dürfen sich anschließend in eben diesem Hotel zur Ruhe begeben. Herrlich, zu solch einem Fest geladen zu sein. Jonathan denkt nach. Um fünf Uhr nachmittags soll die historische Straßenbahn in Wien gegenüber der Oper abfahren. Also – erklärt er – brechen wir um neun Uhr früh in München auf, fahren in Richtung Wien, essen in St. Florian im Schatten der barocken Stiftskirche eine Milzbavesensuppe und vielleicht ein Lammschnitzerl mit Knoblauchrahmsauce und Petersilienerdäpfeln, leeren ein Vierterl grünen Veltliner aus der Wachau und erreichen gegen drei Uhr nachmittags Baden. Im Hotel Sacher duschen wir Hitze und Reisemüdigkeit hinweg, ziehen uns um und gelangen in frischem, blühendem Zustand mittels Bus oder Taxi nach Wien, um uns von dort im Kreis wohlgelaunter Gäste zurück nach Baden ins Hotel Sacher zu begeben.

»Dies«, sage ich zu Jonathan, »ist ein wundervoller, krisenfester Plan.«

Weil wenige Menschen, außer Jonathan, gern bei hochsommerlichen Temperaturen auf der Autobahn 400 Kilometer von München nach Baden bei Wien brausen, ist es ganz natürlich, daß Jonathan eine berühmte Autorin und zwei Journalistenkollegen in unserem Auto mitnimmt.
Nicht, daß es besonders bequem wäre, zu fünft 400 Kilometer in einem Mittelklassewagen zurückzulegen, aber die Vorfreude und vor allem das Lammschnitzerl in St. Florian mit der Knoblauchrahmsauce und den Petersilienerdäpfeln samt ein paar Vierterln grüner Veltliner lassen die Fahrt durchaus gelungen erscheinen.
Während Jonathan manchen Porsche und Mercedes überholt, summt die berühmte Autorin selbstvergessen das Wienerlied vom »Wegerl im Helenental«, und alle stimmen laut und falsch in den Refrain ein: »In Baden, in Bahaden bei Wien.«
Pünktlich um drei Uhr kommen wir in Baden an. Pünktlich um vier Uhr treffen wir uns vor dem Hotel Sacher, nicht ganz so frisch und blühend, wie wir es erhofft hatten, aber immerhin geduscht, gekämmt, festlich gekleidet und in bester Laune.
Jonathan, als einziger bar jeder Spur von Ermüdung, eilt zur Rezeption, um Erkundigungen über Bus und Taxi einzuholen. Der Bus sei leider gerade weggefahren, ein Taxi könne frühestens in

zwanzig Minuten da sein, aber es dürfe nur drei, nicht fünf Leute befördern. Ob ein zweites Taxometer so rasch zur Verfügung stehe, sei ungewiß.

Wir stehen ratlos im Kreis, da ruft Jonathan schon: »Keine Panik, Freunde. Steigt ein. Ich fahr euch nach Wien.«

»Wunderbar«, sagen wir. »Jonathan, du bist ein Held. Du mußt doch nach sechs Stunden Autofahrt völlig erschöpft sein. Wir sind's schließlich auch.«

Aber Jonathan winkt großmütig ab und treibt uns zur Eile an. Wir quetschen uns also wieder zu fünft ins Auto. Jonathan reicht mir eine uralte Straßenkarte zwecks Anweisungen. Leider ist die Autobahn auf der Karte noch nicht verzeichnet. Aber Jonathan ist die Strecke vor 20 Jahren schon mal gefahren. Er wird sich schon zurechtfinden. Die allgemeine Richtung stimmt jedenfalls.

Im Auto steigt die Temperatur langsam, aber stetig an. Leichter Knoblauchdunst legt sich über uns. Die berühmte Autorin hat längst aufgegeben, ihre frischgebügelte Seidenbluse vor dem Druck fremder Busen und Schultern zu retten. Mir läuft der Schweiß in kleinen Bächen am Körper entlang, soweit das in der Enge möglich ist. Die Ansteckrose der berühmten Autorin verliert Blatt um Blatt. Noch dreißig Minuten bis zur Abfahrt der Straßenbahn.

Jonathan stellt fest, daß er unbedingt tanken muß. Also aufs Geratewohl runter von der Autobahn. Tatsächlich – da liegt eine Tankstelle. Warum braucht der Tankwart so lang mit dem Wechselgeld?
Noch zwanzig Minuten bis fünf Uhr. Wieder rauf auf die Autobahn und rein in den Stau der Triester Straße, immer am Naschmarkt entlang, eingeklemmt zwischen drei Reihen ineinander verkeilter Autos. Noch zwei Kilometer bis zur Oper, noch siebeneinhalb Minuten bis zur Abfahrt der Straßenbahn. Da heißt es jeden Millimeter ausnutzen. Die berühmte Autorin summt längst nicht mehr das Lied vom »Wegerl im Helenental«. Statt dessen wiederholt sie mehrfach düster: »Wenn ich mich schon mal auf was freue...«
Hoffnungslosigkeit breitet sich unter dem wabernden Knoblauchgeruch aus.
Zweieinhalb Minuten nach fünf Uhr biegt Jonathan mit kreischenden Rädern ins absolute Halteverbot vor der Oper ein. Wir hetzen hohläugig und zerknittert quer über die Straße, Autos bremsen, Passanten machen uns erschrocken Platz. Ja, da sei gerade eine blumengeschmückte, altmodische Straßenbahn abgefahren, erzählen uns Wartende.
»Was hab ich gesagt?« strahlt Jonathan. »Um ein Haar hätten wir's geschafft. Zwei Minuten und 36 Sekunden überzogen. Keine schlechte Leistung,

wenn man bedenkt, wie lange der Tankwart zum Rausgeben gebraucht hat.« Dann rennt er uns voran zum Auto zurück und ruft: »Die Straßenbahn holen wir ein.«

Also wieder: Rauf auf die Autobahn, runter von der Autobahn, rüber über die Kreuzung, rum um den Kreisel. Da vorn steht doch ein Ortsschild. Inzersdorf! Jawohl, und hier laufen tatsächlich Trambahngleise. »Die kriegen wir«, murmelt Jonathan und gibt Vollgas. Aber niemand antwortet mehr.

Nach einer weiteren Stunde – Jonathan sitzt jetzt mit Unterbrechungen seit neun Stunden am Steuer – sind wir wieder in Baden bei Wien. Wir torkeln aus dem Wagen, die historische Straßenbahn kommt gemächlich ins Rondell gezuckelt. Eine Blaskapelle spielt, viele ausgeruhte, fröhliche Leute steigen aus, jemand stürzt auf uns zu und ruft: »Da seid ihr ja! Wir haben es gewußt. Auf Jonathan ist Verlaß. Der findet uns.«

Später am Abend – die Zigeuner fideln, der Vollmond scheint, gleich wird das Feuerwerk im Park beginnen –, später am Abend sagt Jonathan zwischen zwei Gläsern Veltliner zu mir: »Jemand hat mich gefragt, warum die berühmte Autorin so verstört wirkt. Kannst du dir denken, was der Grund ist? Ich meine, mehr konnte man in solch einer Krisensituation doch beim besten Willen nicht tun.«

»Richtig«, gluckse ich – der grüne Veltliner ist wirklich gut –, »höchstens ein bißchen weniger.«
Jonathan blickt fragend.
»Wir hätten«, kichere ich, »zum Beispiel einfach im Hotel bleiben und warten können, bis die anderen mit ihrer blöden Straßenbahn aus Wien kommen.«
Jonathan schaut mich erstaunt an. »Das meinst du doch nicht im Ernst. Schließlich war die Fahrt mit der historischen Straßenbahn der Glanzpunkt des Festes.«
Ich gebe Jonathan einen Kuß. Es ist wunderbar, einen Mann zu haben, der sich freudig in jede erreichbare Krise stürzt.
Neulich, als wir vom Skiurlaub heimfuhren, sagte der Sprecher von Bayern 3 irgend etwas von leichtem Schneefall in der Gegend von Innsbruck.
»Aha«, rief Jonathan animiert. »Schneekatastrophe am Zirler Berg. Ihr könnt euch vorstellen, was da los ist? Lauter Hamburger und Niederländer im ersten Gang die sechzehn Prozent Steigung rauf, und keiner hat Winterreifen, und man kann und kann nicht überholen.«
Ich wollte Jonathan noch daran erinnern, daß mir immer so schlecht wird, wenn er auf eine seiner Geheimstrecken ausweicht – aber es war zu spät. Im übrigen gab es auf den beiden abgelegenen

Bergpässen wirklich keine Hamburger oder Niederländer, außer unserem gab es überhaupt kein Auto weit und breit. Einmal blieben wir in einer Haarnadelkurve stecken, und Jonathan versuchte, Schneeketten anzulegen. Glücklicherweise zerfielen sie, sobald er sie auf der Straße ausgebreitet hatte, in lauter kleine rostige Einzelteile. (Schneekettenanlegen ist eine von den Krisensituationen, die Jonathan nicht so gut beherrscht.)
Später – da war es schon finster – mußten meine Mutter und ich ein bißchen schieben. Meine Mutter ist vierundachtzig und findet alles, was sich von einem vorhersehbaren und deshalb eintönigen Tageslauf unterscheidet, großartig. Nur als wir in tiefer Nacht von einer ungeräumten Seitenstraße her Tölz erreichten, sagte sie laut: »Also zu meiner Zeit fuhr man auf einer angenehm breiten Straße nach Tölz, und die Isar floß links. Bist du sicher, daß du nicht in die entgegengesetzte Richtung fährst, Jonathan?«
Es war für längere Zeit die letzte Unterhaltung zwischen den beiden. Um so mehr, als uns die Söhne, die gleichzeitig mit uns in ihrem alten VW losgefahren waren, mit den Worten empfingen: »Wo wart ihr denn so lange? Heute war doch am Zirler Berg wirklich nichts los.«
»Typisch für die beiden«, bemerkt Jonathan später kopfschüttelnd. »Ohne nachzudenken einfach

in eine Krisensituation reinfahren und hoffen, daß es klappt.«

Ich erinnere Jonathan daran, daß er vor vielen Jahren, um ein Interview mit Kaiserin Soraya zu bekommen, hinter ihr einen vereisten Steilhang in Zermatt hinuntergerast ist. »Dabei hattest du am Tag zuvor zum ersten Mal Ski unter den Füßen.«

»Aber das Interview war toll«, sagt Jonathan.

»Und dein Knöchel anschließend vier Wochen in Gips«, sage ich. »Oder damals, als du als einziger gewußt hast, daß die wunderschöne blonde Filmschauspielerin, die jeder so liebte, ein uneheliches Kind bekommen hat. Da bist du ohne Voranmeldung mit einem Blumenstrauß an ihrem Klinikbett aufgetaucht.«

»Es war schrecklich«, sagt Jonathan. »Wie sie mich sieht, schreit sie auf, wird schneeweiß im Gesicht und fällt in die Kissen zurück.«

»Sie hätte einen Nervenzusammenbruch bekommen können«, sage ich vorwurfsvoll.

»Klar«, gibt Jonathan zu. »Aber ich hab einfach gerufen: ›Zehntausend‹. Da kriegt sie wieder Farbe, setzt sich kerzengerade auf und fragt: ›Mark oder Franken?‹ Dann haben wir ganz sachlich über die Exklusivstory verhandelt.«

»Deine frühen Reporterjahre müssen eine Aneinanderreihung fürchterlicher Krisen gewesen sein«, sage ich liebevoll.

»Richtig«, strahlt Jonathan. »Aber ich habe sie alle bewältigt. Und nicht nur die. Erinnerst du dich an den Autodieb in Verona? Er wollte gerade unsere Heckscheibe einschlagen, da hab ich ihn von hinten festgehalten und gebrüllt: ›Ein Dieb, ein Dieb!‹«

»Und der Dieb hat geschrien: ›Ein Überfall, Hilfe, ein Überfall!‹« ergänze ich. »Das italienische Publikum war begeistert. Die einen feuerten dich an, die anderen deinen Gegner. Als die Polizei kam, haben sie zuerst dich verhaftet, und als sie ihren Irrtum bemerkten, war der Dieb weg. Es war sehr aufregend.«

»Es war herrlich«, sagt Jonathan, und seine Stimme klingt ein bißchen wehmütig.

In letzter Zeit scheint es, als ob unser Leben krisenärmer wird. Hie und da ein verlorener Auspuff, ein Chefredakteurswechsel oder ein Hagelunwetter – das wär's schon.

Ganz anders bei Tamara und Pit. Seit sie dieses romantische alte Haus am Waldrand bezogen haben, torkeln sie von einer Krise in die nächste.

»Was gibt's Neues bei Tamara?« erkundigt sich Jonathan neuerdings, wenn er abends vor dem Fernsehapparat in den Sessel sinkt, und noch dreieinhalb Minuten bis zur Tagesschau bleiben, die er keinesfalls versäumen darf. Erstens als Journalist, zweitens, weil's da gegen Ende zu meistens irgendwelche Krisen gibt. Wie zum Beispiel

die quälende Niederlage von Boris Becker auf Sand. Die auf Rasen nie hätte passieren können – meint Jonathan.
Ich sage in rasender Eile: »Tamara hat nur ganz kurz angerufen. Sie haben alle seit drei Wochen nicht geduscht und praktisch ihre gesamte Wäsche aufgebraucht. Das Geschirr wischen sie inzwischen mit Grasbüscheln aus, weil sie immer noch kein Wasser haben. Irgendwie muß der Grundwasserspiegel in den letzten heißen Sommern so weit abgesunken sein, daß das Wasser nicht mehr genug Kraft hat, in die Hähne des Hauses hinaufzusteigen, oder so ähnlich.«
»Die Armen, das ist ja entsetzlich«, ruft Jonathan. »Da müßte man etwas Grundsätzliches tun. Die Gemeinde anrufen, den Wasserwerken mit Klage drohen, drei Sachverständige herbeizitieren, was eben in solch einer Krise getan werden muß. Du weißt schon...«
»Klar«, sage ich. »Ich glaube, das haben sie auch vor. Aber das Schlimmste weißt du noch gar nicht. Vielleicht willst du dir jetzt erst mal die Tagesschau ansehen?«
»Nein, nein«, wehrt Jonathan ab, »erzähl nur.«
»Die kleine Miriam hat morgen Kommunion, und Tamara war extra beim Friseur und bei der Kosmetikerin, Nägel lackieren und solche Dinge. Und wie sie heimkommt, läuft ihr der Inhalt der Versitzgrube aus dem Klo über den Gang und die

Eßdiele in den Garten entgegen. Ein Handwerker hat die Schraube verkehrt rum zugedreht. Alle putzen und wischen und schleppen Wasser aus der Isar herauf.
Tamara hofft, daß ihre französischen Parfüms wenigstens das Schlimmste verhüten. Ich meine, daß sich die Kinder in der Kirche von der kleinen Miriam abwenden oder sich die Nase zuhalten. Sie sagt, sie selbst kann nicht mehr beurteilen, wie sie alle riechen. Aber sie befürchtet, daß es ziemlich intensiv ist.«
Jonathan schüttelt besorgt den Kopf: »Und das alles, nachdem erst vor sechs Wochen ihr Kamin im Heizungskeller explodiert ist.« Er seufzt tief, dreht die Tagesschau an und sagt: »Hoffentlich werden die beiden mit diesen Krisen auch fertig.«
Neulich waren wir mit Tamara und Pit zu einem Schloßkonzert im Chiemgau verabredet. Sie trafen im allerletzten Moment ein, aber das hatten wir nicht anders erwartet. (Tamara und Pit kommen immer erst nach der Suppe, nach dem ersten Akt oder wenn der Hauptfilm schon so lange gelaufen ist, daß man die Handlung nicht mehr versteht.)
Während zwei Flötenspieler wunderbare Töne zu den blumenumrankten Arkaden des Schloßhofs hinaufschickten, flüsterte mir Tamara aufgeregt den Grund ihrer Verspätung zu.

Kurz bevor sie mit Pit zum Konzert wegfahren wollte, fiel ihr ein, daß sie noch schnell den dikken Butzi vom Hundefriseur abholen mußte. Der dicke Butzi, auch »Butzi-Baby« genannt, ist ein riesenhafter ungarischer Hirtenhund mit kindlicher Seele. Zweimal im Jahr wird er beim Hundefriseur gebadet und gekämmt, und zwar derart, daß er hinterher nur noch halb so dick ist, während die Wollballen aus seinem Fell zuhauf den Boden bedecken.

Tamara also betritt – schon im Abenddirndl – den Hundesalon durch die Hintertür und unterdrückt absichtlich den Ruf: »Wo ist denn mein Butzi-Baby?«, damit der dicke Butzi nicht erschrickt und sie vor Wiederehensfreude umrennt. Sie sieht im Spiegel Butzi auf einem schweren Balkentisch stehen, wie es sich gehört, in ein Geschirr aus kräftigen Gurten geschnallt, die wiederum an einem Eisengalgen an der Decke verankert sind. Zwei junge Damen in Rosa striegeln sein Fell, die Wollknäuel fliegen nur so durch die Luft, Butzi-Baby sieht schon ganz schlank aus.

Da erblickt Butzi-Baby Tamara im Spiegel vor sich, vergißt, daß er angegurtet ist, springt auf sie zu, reißt dabei den Tisch um und den eisernen Galgen aus der Mauer, und hechtet, sämtliche Gegenstände hinter sich her schleifend, in den wandhohen Spiegel hinein.

»Der Schaden beträgt ungefähr dreitausend

Mark. Gott sei Dank sind wir versichert«, flüstert Tamara und tupft sich ein bißchen französisches Parfüm aufs Ohr. »Aber Pit ist so beleidigt, daß er kein Wort mehr mit dem dicken Butzi spricht, und der dicke Butzi hat keinen Bissen gefressen vor Aufregung. Hoffentlich wird er nicht krank.«
Die Flötenmelodie endet mit einem überirdisch zarten Triller.
Jonathan klatscht Beifall. »Was hat dir denn Tamara die ganze Zeit über zugeflüstert?« fragt er.
Ich winke ab. »Ach, nichts Besonderes.«
Es gibt fremde Krisen, von denen ich Jonathan einfach nichts erzähle. Er könnte sonst schwermütig werden.